hessens apfelweine

Grofser Bohnapfel.
(Grofser rheinifcher Bohnapfel.)

Impressum

Konstantin Kalveram, Michael Rühl: Hessens Apfelweine – Das Stöffche und seine Macher

© 2008 B3 Verlag, Norbert Rojan, Markgrafenstraße 12, 60487 Frankfurt
Alle Rechte vorbehalten. Das Werk einschließlich seiner Teile ist urheberrechtlich geschützt. Jede Verwertung außerhalb der engen Grenzen des Urheberrechtsgesetzes ist ohne Zustimmung des Verlages unzulässig und strafbar. Das gilt insbesondere für Kopien, Einspeicherung und Verarbeitung in elektronischen Systemen.

Weitere Titel des B3 Verlages unter www.bedrei.de

Layout, Satz und Umschlag: vierzwei, Gero Hartmann, Oliver Schürrer, Frankfurt
Umschlag-Motive: Michael Rühl
Druck und Bindung: Henrich Druck + Medien, Frankfurt

ISBN 978-3-938783-28-3

konstantin kalveram
michael rühl

hessens apfelweine
Das Stöffche und seine Macher.

VERLAG

inhalt

Hessens Apfelweine	**6**
Speierling	**16**
Forschungsanstalt Geisenheim	**18**
Die sensorische Verkostung	**24**
Frankfurt & Umgebung	**26**
Kelterei Bemelmann	28
Kelterei Heil	34
Kelterei Herberth	40
Landkelterei Höhl	46
Landsteiner Mühle	52
Kelterei Nöll	58
Kelterei Possmann	64
Obsthof Schneider	70
Jürgen Schuch	76
Jörg Stier	82
Zu den 3 Steubern	88
Zur Buchscheer	94
Im Süden	**100**
Kelterei Dölp	102
Peter Merkel	106
Treuschs Schwanen	110
Kelterei Rothenbücher	114
Kelterei Stenger	120
Dieter Walz	124
Apfelschaumwein	**130**
Mitte/Nord	**132**
Joachim Döhne	134
Kelterei Elm	140
Gasthof Hainmühle	144
Kelterei Matsch & Brei	150
Kelterei Müller	156
Rapp´s Kelterei	162
Rhönschafhotel	166
Kelterei Trageser	172
Mainäppelhaus Lohrberg	**178**
Rezepte	**184**
Weitere hessische Keltereien	**204**
Autor & Fotograf	**214**
Bildnachweis	**215**

hessens apfelweine

Streuobst, Schoppen, Schaumwein.
Regionale Vielfalt in Bembel und Glas.

Werden Menschen befragt, was ihnen zu Hessen einfällt, nennen sie in variierender Reihenfolge diese Dinge: die Skyline und den Flughafen Frankfurts, Goethe und – keineswegs Wein aus dem Rheingau oder hessisches Bier, sondern – den Apfelwein. Der Apfelwein ist ein Stück Identität und gesamthessische Herzensangelegenheit. Das lässt sich unter anderem erkennen, wenn eingeschworene „Schoppepetzer" hitzig über den einen richtigen Geschmack und die einzig wahre Herstellungsmethode des Apfelweins diskutieren. Das war auch zu spüren, als im Herbst 2007 ein Schreckgespenst durch die Medien geisterte, das heulte, die EU wolle den Begriff „Apfelwein" verbieten und künftig nur noch für Produkte aus Trauben die Bezeichnung „Wein" zulassen. Einige Tage der öffentlichen Empörung später war die Sache wieder vom Tisch. An sich war dieses Gefecht zwischen den Politikern der EU und Politikern aus Bund und Land sowie führenden hessischen Apfelweinherstellern nicht mehr als eine Randnotiz. Aber der heftige Widerspruch gegen die Brüsseler Überlegungen aus den Reihen der Apfelweinkonsumenten, die tatsächlich um ihren „Apfelwein" bangten, war eine vehemente Demonstration dessen, was man überhöht „Volksseele" nennen könnte. Öffentliche Listen, in die man seinen Protest hineinschreiben konnte, quollen über und waren ein authentisches Zeugnis der Entrüstung über die Regelungswut der EU. Hessen war schockiert. Was auch immer vom Apfelweinstreit zu halten ist: Er zeigte, dass Apfelwein immer noch das „Nationalgetränk" der Hessen ist. Unschöne Nachrichten von den stetig schrumpfenden Absatzzahlen der Apfelweinbranche spielten zumindest in diesen Tagen einmal keine Rolle. Apfelwein ist traditionell verankert, landestypisch und vor allem eins: ein richtig gutes, wohlschmeckendes und gesundes Getränk. Was heißt hier ein Getränk? Entgegen der landläufigen Meinung ist Apfelwein nicht gleich Apfelwein! Dieses Buch stellt eine Auswahl hessischer Kelterer vor, die exemplarisch für die Szene hessischer Keltereien stehen. Zwischen dem Kasseler Land im Norden und Odenwald und Spessart im Süden dokumentieren sie die überraschende Vielfalt der Betriebe und ihrer individuellen Produkte.

Wer an Apfelwein denkt, denkt auch an Bembel und Geripptes. Schankkrug und passendes Glas scheinen auf immer dessen Begleiter zu sein. Und ohne diese schmeckt es vielen einfach nicht. Ein kerniger Schoppen, aus gemischten Mostsorten von

heimischen Streuobstwiesen gekeltert, aus dem Bembel ins Gerippte gegossen und kühl getrunken, ist ein großer Genuss. Zur Apfelweinkultur zählen heute aber auch die zahlreichen anderen Produkte aus der hessischen Nationalfrucht: Cidres, Perlweine, Schaumweine, viele sortenreine Apfelweine und Schnäpse. Ein Angebot, bei dem jeder genau die richtige Flasche findet. Hoch und lang lebe die Abwechslung!

Oftmals fällt es schwer, sich vom „Hausschoppen" zu lösen, und viele Veränderungen in der Apfelweinszene bleiben auch dem eingefleischten Freund dadurch verborgen. Ein probates Mittel wäre vielleicht einmal eine Apfelweinverkostung im Kreis der Freunde? Überraschung garantiert! Der Vielfalt und den unterschiedlichen Nuancen, vom kernigen Speierling bis zum sortenreinen Jahrgangswein, lässt sich so am besten nachspüren. Ein langstieliges, dünnwandiges Glas mit Verjüngung nach oben bündelt die Aromen und ist für die Verkostung eher zu empfehlen als ein Geripptes. Dann schwenke, rieche, schmecke, kaue und schlürfe man drauflos und stelle fest, was so ein Apfelwein an Duft und Geschmack alles zu bieten hat. Der Reiz der Apfelweinverkostung besteht darin, die Eigenständigkeit der einzelnen Weine zu erkennen. Ein verhältnismäßig hoher Alkoholgehalt verleiht dem Traubenwein mehr geschmackliches Volumen und macht ihn stabiler. Dazu trägt auch seine Säurestruktur bei. Im Weißwein finden wir sowohl Weinsäure als auch Apfelsäure. Apfelwein, der vergleichsweise wenig Alkohol mitbringt, wirkt dagegen schlanker und verfügt zumeist über weniger Aromen. Außerdem finden wir im Apfelwein nur Apfelsäure, die zwar weniger stabil ist als Weinsäure, aber deutlicher hervorschmeckt.

Die in diesem Buch aufgeführten Apfelweine wurden von einer professionellen Jury verkostet und anschließend im Labor der Forschungsanstalt Geisenheim chemisch analysiert. Die Ergebnisse sind in einem Steckbrief zusammengetragen und können als Orientierung dienen.

Damit wird eindrucksvoll dokumentiert, dass der Apfelwein nicht so mir nichts, dir nichts und ausnahmslos der deftigen, einfacheren Volkskultur zugeschlagen werden kann. Er gilt bei vielen noch immer als bäuerliches, handwerkliches Getränk ohne Besonderheit – den zahlreichen neuen Entwicklungen wird damit oftmals bitter unrecht getan. Aber das ändert sich, in kleinen Schritten zwar, doch unaufhaltsam. Viele ambitionierte Kelterer sorgen mit ihren Apfelweinspezialitäten dafür, dass auch an den Tischen der Feinschmecker die Berührungsängste abgebaut werden. Zudem finden sich immer mehr Köche, bei denen Apfelwein selbstverständlicher Bestandteil einer avancierten Regionalküche ist. Apfelwein ist ein Bekenntnis zu regionalen Produkten, zu regionaler Kultur. In Zeiten, in denen der globalisierte Markt zu jeder Zeit alles bietet, lohnt es, die Produkte der eigenen Region zu entdecken, aus Früchten, die vor der eigenen Haustüre wachsen.

Die Streuobstwiese ist die Quelle für den Rohstoff, aus dem die heimischen Apfelweine hergestellt werden. Ist die Ernte in einem Jahr mal nicht ausreichend, dann werden Äpfel aus anderen Apfelanbauregionen, wie dem Alten Land oder der Bodenseeregion, verwendet. Auf hessischen Streuobstwiesen wachsen auf vornehmlich hochstämmigen Bäumen, Astansatz ab 1,80 Meter, die Apfelsorten, die sich für die Herstellung von Apfelwein besonders gut eignen, etwa die Rheinische Schafsnase, der Bohnapfel, der Trierer

Weinapfel, der Winterrambour, der Heuchelheimer Schneeapfel und viele andere. Kelteräpfel bringen idealerweise hohe Gerbstoff- und Säurewerte mit, die bei der Apfelweinherstellung eine große Rolle spielen. Apfelwein hat, wie bereits erwähnt, wenig Alkohol, er braucht also Gerbstoffe und Säure, die ihn konservieren. Für den Frischverzehr sind die genannten Sorten weniger geeignet. Wer im November in einen frisch geernteten Bohnapfel beißt, kann überprüfen, ob sauer wirklich lustig macht. Werden die Äpfel allerdings über den Winter gelagert, bauen sie Säure ab und entwickeln einen köstlichen Geschmack.

Der Verbrauchertrend bei Speiseäpfeln geht heute zu den süßen Sorten. Geschmacksprägende Säure, eine raue, feste, nicht selten schorffleckige Schale passen nicht ins appetitlich gestaltete Regal, was teilweise auch verständlich ist. Unmöglich, solches Obst im Supermarkt neben Pink Lady, Braeburn und Gala anzubieten. Damit ist und bleibt als ein gewichtiger Grund für den Erhalt und Ausbau der Streuobstwiesen in der Rhein-Main-Region die Apfelweinkultur. Von dort kommen die Äpfel, aus denen die charakteristischen Apfelweine hergestellt werden. Mitunter zahlen Kelterer Lieferanten hochqualitativer, ausgereifter Rohware hohe Preise. Dadurch bekommen sie die besten Äpfel für ihre Produktion und erhöhen die Attraktivität der Bewirtschaftungsform Streuobstwiese. Apfelweinkultur braucht Streuobstwiese, Streuobstwiese braucht Apfelweinkultur. Der Erhalt der hessischen Streuobstwiesen ist dabei keineswegs gesichert. Die Gesamtfläche in Hessen ist seit den 60er Jahren des 20. Jahrhunderts um 80 Prozent zurückgegangen. Bis in die 1960er Jahre galt der Apfel als willkommene, weil verfügbare, günstige sowie vitaminreiche und schmackhafte Nahrungsquelle. Mit dem Einsetzen des Wirtschaftswunders verschwand das

Interesse an den arbeitsintensiven Streuobstwiesen. Warum heimisches Obst selbst anbauen, ernten und verarbeiten, wenn die Produkte günstig zu kaufen sind? Auch heute ist der Apfelanbau oft eine brotlose Angelegenheit. Der Erzeuger bekommt für ein Kilogramm Äpfel bei der Genossenschaft 25 bis 50 Cent, der Preis hängt unter anderem von der Sorte und vom Ertrag des Jahres ab. Lager- und Werbekosten werden davon noch abgezogen, am Ende bleiben dem Obstlieferanten 20 bis 40 Cent pro Kilo. Streuobstwiesen sind daher nicht unbedingt rentabel. Die Bewirtschaftung ist arbeitsintensiv, denn es geht nicht nur um Obsternte oder -lese, bei der der Rücken ordentlich schmerzt, wenn das Obst vom Boden aufzuheben ist (gerütteltes Obst muss zügig verarbeitet werden, zu Mus oder Saft, die entstandenen Druckstellen dulden keine Lagerung). Die Bäume müssen geschnitten und gepflegt werden, die Wiese ist angemessen in Form zu halten, damit sie nicht komplett verwildert – die Unterwuchspflege spielt bei der Bewirtschaftung der Streuobstwiese eine entscheidende Rolle.

Ein anderer, gravierenderer Grund für den Rückgang ist die Bebauung. Streuobstwiesen, die traditionell als Gürtel am Ortsrand gelagert sind, fallen dem Wachstum von Siedlungen und dem Straßenbau zum Opfer. Das hessische Naturschutzgesetz sieht zwar den Schutz von Streuobstwiesen vor: Jeder Obstbaum, der auf einer Streuobstwiese gefällt wird, muss an anderer Stelle durch einen jungen Baum ersetzt werden. Wenngleich ein junger Baum nur bedingt einen Ersatz für einen 30 Jahre alten Hochstamm im Vollertrag darstellt, der Erhalt der Gesamtfläche wird dadurch aber zumindest erleichtert.

Streuobstwiesen sind Kulturbiotope. Sie wurden nicht von der Natur angelegt, sondern künstlich geschaffen, weil der Mensch das Obst haben wollte. Der Mensch muss daher etwas für deren Erhalt tun. Obstbäume sind keine Wildpflanzen, sondern Kulturpflanzen. Aber wie viel Kultur und wie viel Natur braucht die Streuobstwiese? Der Weg, wie diese ökologischen Kleinode am besten zu pflegen sind, ist keineswegs klar. Für die Natur ist es erst einmal positiv, wenn der Mensch sie in Ruhe lässt. Die Streuobstwiese kommt aber irgendwann an einen Punkt, an dem sie nicht mehr weiterkann, wenn der Mensch nicht eingreift. Wenn das Gras hüfthoch steht und die Brombeeren an die Zweige der Bäume heranreichen, hat die Wiese schon bessere Tage gesehen. Natürlich ist auch abgestorbenes Holz Lebensraum für diverse Arten – Vögel und Insekten, Flechten und Moose. Aber wenn die Obstwiese zum überwucherten Baumfriedhof geworden ist, wird die Ernte darunter leiden.

Die richtig gepflegte Streuobstwiese ist Lebens- und Rückzugsraum, Bruthabitat und Nahrungsquelle für rund 4.500 Arten. Kein anderes Biotop in Mitteleuropa bietet eine derart hohe Vielfalt. Obwohl wir die Beantwortung der Frage „Wie viel Kultur, wie viel Natur auf der Streuobstwiese?" durch die Naturschützer der frühen 80er Jahre heute teilweise eher als „gut gemeint" denn als „gut gemacht" bewerten, haben diese Graswurzelbewegungen den Wiesen und auch der Apfelweinkultur einen unschätzbaren Dienst erwiesen: Die Initiativen waren zwar nicht so stark, dass die Streuobstflächen nennenswert vergrößert wurden, aber der negative Trend der Rodung war fürs Erste gestoppt. Die rund 25 Jahre währende Pflanzpause war beendet und die in der Nachkriegs- und Wirtschaftswunderzeit abgelegten Traditionen des Obstanbaus und der Obstverarbeitung wurden wieder aufgegriffen. Heute setzen sich zahlreiche Streuobstverbände nicht nur für Erhalt und Schutz der regionaltypischen, landschaftsprägenden Biotope ein, sie organisieren auch Neupflanzungen, zählen und analysieren den Baumbestand, helfen bei der Sortenbestimmung und sorgen mit viel Engagement dafür, dass Streuobstflächen von der Öffentlichkeit als schützenswerte Biotope und reizvolle Naherholungsgebiete am Stadtrand wahrgenommen werden.

speierling

Entgegen der landläufigen Meinung ist der Speierling weder Apfel noch Birne. Er gehört in die Familie der Sorbusfrüchte, sein lateinischer Name ist Sorbus domestica. Andere Sorbusarten sind die Mehlbeere (Sorbus aria), die Elsbeere (Sorbus torminalis) und die Vogelbeere oder Eberesche (Sorbus aucuparia). Die Verwandtschaft der Sorbusfrüchte erkennt man am Blatt.

Zum richtigen Zeitpunkt und vor der Reife geerntet, etwa Mitte bis Ende September, enthält der Speierling einen ausgesprochen hohen Gerbstoffanteil. Dann schmeckt er so bitter und zieht die Mundschleimhaut derart zusammen, dass man das abgebissene Stück schnellstens wieder „ausspeien" möchte. Daher auch der Name „Speierling". Diese Gerbstoffe oder Polyphenole geben dem Apfelwein einen typischen, herben Geschmack. Sie treiben die Klärung voran und machen den Apfelwein haltbarer. Früher wurde der Speierling auch zur Klärung von Traubenweinen verwendet, technische Filtrierung und Klärung haben ihn dort jedoch ersetzt. Ist der Speierling vollreif, schmeckt er zuckersüß und leicht nach Marzipan. Die Früchte sind dann braun und weich und sehen wie verdorben aus. Es lohnt sich aber hineinzubeißen. Bis ein Speierlingbaum trägt, kann es gut zehn Jahre dauern. Die riesigen Bäume können bis zu 200 Jahre alt werden, so lange tragen sie auch.

forschungsanstalt geisenheim

Die Analyse bringt es an den Tag:
Was steckt wirklich im Apfelwein?

Keine Angst vor unangenehmen Wahrheiten: Frank Will analysiert, was hessische Keltereien produzieren. Über seine Kritik hat sich schon so mancher Kelterer geärgert.

Dr. Frank Will ist vielleicht so etwas wie der Advocatus Diaboli der Apfelweinbranche. Selbst ein Freund und Kenner des heimischen Stöffchens muss er doch hin und wieder den mahnenden Finger heben. Vielleicht erweist man ihm damit ein bisschen zu viel der Ehre, aber es ist schon etwas Wahres dran. Der Wissenschaftler an der Forschungsanstalt für Weinbau in Geisenheim arbeitet und forscht im Fachgebiet Weinanalytik und Getränkeforschung und befasst sich unter anderem mit der chemischen Analyse im Handel befindlicher Getränke, also auch des Apfelweins. „Und das nicht immer zur reinen Freude", sagt Frank Will. Sensorische Tests und chemische Laboranalysen ergäben immer wieder, dass einige Hersteller – egal ob klein oder groß – massive Defizite in der Qualitätssicherung haben. „Qualitätskontrolle hat bei manchen hessischen Keltereien keinen sehr hohen Stellenwert. Analytik ist oft ein lästiges Beiwerk. Die bitten eigentlich nur dann um Analysen oder Beratung, wenn sie massive Probleme haben." Der Löwenanteil des jährlich konsumierten Apfelweins komme allerdings natürlich von Herstellern, die einwandfreie und absolut hochwertige Apfelweine produzierten. Zu Ausbildungs- und Analysezwecken gibt es hier eine komplett und hochwertig ausgestattete Kelterei. Die Infrastruktur ähnelt der in der Industrie, ist nur etwas kleiner dimensioniert. Die Saftpresse, die Tanks, der Separator zum Entfernen der Hefe nach der Gärung, die Apparaturen zur Klärung, Schönung, Filtrierung und zum Kurzzeithitzen, der Konzentrator, die Füllanlage: Alles entspricht hier dem Standard der Großbetriebe.

Unwiderlegbare Zahlenwerte aus den Laboranalysen auf der einen, moderne Technik in der Kelterei auf der anderen Seite: Das sind zwei gewichtige Argumentationshilfen in den Auseinandersetzungen mit den Repräsentanten der Apfelweinbranche. Und Auseinandersetzungen gibt es immer wieder, denn es gibt einige Punkte, an denen Frank Will und die Kelterer regelmäßig aneinanderrasseln. Egal, ob es um mangelhafte Qualitätssicherung bei der Herstellung geht oder darum, ob ein Apfelweinetikett den Zusatz „Speierling" führen darf, selbst wenn kei-

Frank Will ist eindeutig für die Verwendung von Konzentraten. Mittels des Konzentrators wird hier sogar eigens Saft eingedickt. „Alles nur eine Frage der Qualität der verwendeten Äpfel".

ner drin ist, oder um das leidige Thema Konzentrat: Diskussionsstoffe gibt es reichlich. Im Streit über Apfelsaftkonzentrate geht es Frank Will übrigens nicht darum, ob man sie verwenden sollte oder nicht. Da ist er eindeutig für den Einsatz des Dicksaftes. Das Konzentrieren von Fruchtsaft führe dazu, dass das enthaltene Aroma länger frisch bleibt. Zudem können konzentrierte Säfte besser gelagert werden, ohne dass man Qualitätseinbußen befürchten müsse, erklärt er. „Man kann gute und schlechte Konzentrate herstellen. Aus einem Apfel wie dem Golden Delicious mit 1,5 Gramm Säure kann man nun mal kein gutes Konzentrat machen. Dafür kann aber das Konzentrat nichts." Als Ursache der weitverbreiteten Vorbehalte gegen Konzentrate benennt Frank Will die schlechte Qualität bei der Konzentratherstellung früher: „Damals war es so, dass man konzentriert hat, indem man den Saft einfach eingekocht hat. Bei Umgebungsdruck, ohne Vakuum. Man musste das richtig einkochen. Aus der Zeit stammt wohl auch die Formel ‚Ein Konzentrat ist wärmebelastet, das ergibt einen Fehlgeschmack und das ist schlecht'. Heute konzentriert man nicht mehr mittels Hitze, sondern mit Vakuum. Das ist viel schonender und es gibt keinerlei Geschmackseinbußen." Dem Forscher geht es darum, dass die Hersteller, die ihre Apfelsäfte und -weine gänzlich oder teilweise aus Konzentraten herstellen, das endlich auch auf die Flaschen schreiben: „Konzentrat ist heute einfach an der Tagesordnung", sagt er. „Deswegen sollten es die Hersteller, die es verwenden, auch nicht verschweigen. Die müssen endlich offen damit umgehen, damit der Kunde entscheiden kann, ob er das Produkt kaufen möchte oder nicht."

Ein anderes strittiges Thema, ein wahrer Dauerstreit zwischen Will und den Kelterern, ist der Speierling.

Früher verwendete man diese stark säure- und gerbstoffhaltige Ebereschenart, um dem Apfelwein eine charakteristische Note mitzugeben, ihn zu klären und haltbarer zu machen. Doch Speierling ist teuer, die Ernte der kleinen Früchte mühsam und die Verarbeitung nicht so einfach wie die des Apfels. Kurz: Speierling ist ein Qualitätsmerkmal. Weil vornehmlich einigen großen Keltereien die Sache zu kostspielig und aufwendig wurde, hat die Branche ihre Leitsätze kurzerhand geändert. In der nachgebesserten Fassung ist „Speierling" die Typisierungsbezeichnung für einen „gerbstoff- und säurebetonten" Apfelwein. Beide Begriffe sind nicht definiert. Im Klartext: Jeder kann Speierling draufschreiben, es muss aber keiner drin sein. Weil es auch in diesem Punkt bei manchem an Transparenz mangelt und so mancher Kelterer sein Produkt zu Unrecht mit dem Namen der besonderen Frucht schmückt, haben die Getränketechnologen aus Geisenheim ein analytisches Verfahren entwickelt, mit dem nachgewiesen werden kann, ob wirklich Speierling im Apfelwein ist oder nicht. „Der enthält nämlich ein ganz bestimmtes Polyphenol, einen Gerbstoff, der im Apfel nicht vorkommt. Also kann man das auch bis in kleinste Mengen nachweisen. Als wir die Ergebnisse publiziert haben, hatten die entsprechenden Hersteller eine riesige Wut auf uns."

Es soll nun aber nicht der Eindruck entstehen, die Hauptaufgabe des kleinen Geisenheimer Instituts liege darin, sich mit der Apfelweinbranche anzulegen. Das ist natürlich nicht der Fall. Hier wird nicht nur analysiert, was andere produzieren. Es wird auch selbst gekeltert und gebraut. Im Fachgebiet Weinanalytik und Getränkeforschung lernen Studenten die Herstellung von Bier, Wein, Sekt, Gemüsesaft, Fruchtsaft und Fruchtwein, natürlich auch von Apfelwein. Forschungsschwerpunkt und Bedeutung der Einrichtung liegen in der ernährungswissenschaftlichen Arbeit. Im derzeit größten Projekt im Fachgebiet Weinanalytik und Getränkeforschung wird die präventive Funktion von sekundären Pflanzenstoffen aus Mostäpfeln auf Darmkrebs und entzündliche Darmerkrankungen untersucht. Neben Kalium, Calcium und Magnesium, die Äpfel zu einem wichtigen Helfer im Kampf gegen eine ungesunde Ernährung machen, enthalten sie auch Polyphenole, „und die wirken antioxidativ. Das sind also Substanzen, die Radikale abfangen und dadurch anticancerogen wirken. Mittlerweile wissen wir, welche Stoffe im Apfel signifikant gegen Darmkrebs wirken. Diese Stoffe gibt es nur in bestimmten Mostobstsorten", erklärt der Getränketechnologe. In Geisenheim wurde ein Verfahren entwickelt, durch das die Polyphenole aus

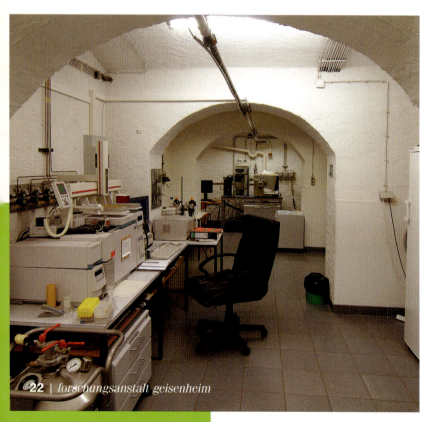

dem Apfelsaft extrahierbar sind. Sie liegen dann als reines Polyphenolpulver vor. Dieses Extrakt kann in bis zu 54 verschiedene Substanzen weiterzerlegt werden, um sie an Krebszellen zu testen. Im Anschluss wird nun versucht, mit modernsten technologischen Mitteln, die wirksamsten Stoffe wieder in den Saft zu bekommen beziehungsweise deren Anteil von Anfang an zu erhöhen. „Diese funktionellen Obstsäfte werden dann in Humanstudien eingesetzt. Da kommen zum Teil hervorragende Ergebnisse heraus", deutet Frank Will an. Mehr sagt er jetzt noch nicht, die wissenschaftliche Publikation der Daten steht noch aus.

Die Forschungsanstalt für Weinbau in Geisenheim ist der Ausgangspunkt für diese Forschung, die vom Bundesministerium für Forschung und Bildung seit 2003 mit 9 Millionen Euro unterstützt wurde. Weitere Beteiligte sind etwa das Krebsforschungszentrum in Heidelberg, die Universitäten in Jena und Kaiserslautern und die Bundesforschungsanstalt für Ernährung. Polyphenole kommen übrigens nicht nur in der Frucht oder im Saft vor, sie sind auch – wenngleich in kleineren Mengen – im Apfelwein vorhanden. Deswegen wird in vergleichbaren Studien in England auch nicht nur mit Apfelsaft, sondern auch mit Apfelwein geforscht, mit gutem Erfolg. Immerhin: Im Vergleich zu anderen alkoholischen Getränken gilt für die Fachleute aus Geisenheim Apfelwein als „eher nicht ungesund". Der verhältnismäßig niedrige Alkoholgehalt und die vielen natürlichen Inhaltsstoffe machen den Apfelwein zu einem Getränk, das Ansprüche an ein erfrischendes, leicht alkoholisches, belebendes Getränk erfüllt, das sogar einen gewissen gesundheitlichen Mehrwert hat, wenn man es in Maßen zu sich nimmt. Diese Fakten müssten nur endlich einer großen Öffentlichkeit zugänglich gemacht werden. Calcium, Kalium, Magnesium, Polyphenole im Bembel: Sind das nicht hervorragende Argumente, um mit gutem Gewissen zum Apfelwein statt zu einem anderen Getränk zu greifen?

Kein Herstellungsprozess ohne begleitende Analyse. In den Labors der Forschungsanstalt Geisenheim wird immer geforscht, wie man es noch besser machen kann.

24 | *die sensorische verkostung*

die sensorische verkostung

Neun Mann und ein Tisch voll Stöffche: Im Rahmen einer Blindverkostung wurden die Standardapfelweine aller portraitierten Keltereien von einer Fachjury verkostet und detailliert beschrieben. Zu jeder Probe wurde von jedem Teilnehmer ein Bewertungsbogen ausgefüllt und damit individuell beurteilt. Anschließend wurden die Ergebnisse diskutiert und besondere Merkmale nochmals herausgestellt. Die erhobenen Daten wurden statistisch ausgewertet und in Form eines Steckbriefs mit den Aussagen über Farbe, Geruch und Geschmack in die Porträts der Keltereien aufgenommen.

Neben den Beschreibungen aus der sensorischen Verkostung sind auch Ergebnisse der chemischen Analyse, durchgeführt von der Forschungsanstalt Geisenheim, Teil des Steckbriefs. Die Werte „vorhandener Alkohol", „Gesamtsäure" und „Gesamtphenole" geben bereits beim Lesen einen ersten Eindruck vom Charakter der Apfelweine.

Der „vorhandene Alkohol" klärt über den tatsächlichen Alkoholgehalt des Apfelweins auf. Die „Gesamtsäure" ist die Summe der flüchtigen und der nichtflüchtigen Säure im Wein. Ein Wert um 4 g/l lässt auf einen säurearmen, milden Apfelwein schließen, ein Wert zwischen 6 und 7 g/l auf einen kräftigen Apfelwein mit dominanter Säure.

Der Wert „Gesamtphenole" (Gerbstoffe) gibt einen Hinweis auf das verwendete Obst. Mostäpfel haben in der Regel einen höheren Phenolgehalt als Tafeläpfel. Milde Apfelweine liegen zwischen 300 und 400 mg/l. Ein Wert in dem Bereich legt nahe, dass ein nicht unerheblicher Anteil Tafelobst verwendet wurde. Bei einem Wert ab 500 mg/l wurde wahrscheinlich ein deutlicher Mostobstanteil verwendet, der hohe Wert schlägt sich auch geschmacklich nieder. Ab ungefähr 600 bis 700 mg/l wird es dann richtig adstringierend (= wirkt zusammenziehend) und gerbstoffbetont, auf gut Hessisch: der petzt!

hönchs

bemelmann
berthollan
ermühlenöll
annschneid
chstierzude
bernzurbuch

frankfurt & umgebung

kelterei bemelmann

Der kernigste Schoppen weit und breit.
Milde Apfelweine? Das sollen andere machen.

Im Jahr 1925 fing alles an. Damals hatte sich der Großvater von Heinrich Bemelmann, dem heutigen Senior der kleinen Familienkelterei in Bad Soden-Neuenhain, eine kleine Presse gekauft und begonnen, aus den Äpfeln von den eigenen Bäumen Saft und Wein zu keltern. Ausgeliefert wurde mit dem Pferdewagen, die Kundschaft fand sich in der direkten Nachbarschaft und bis in die Frankfurter Stadtteile Höchst, Nied, Sindlingen und Schwanheim. 1936, „zur Nazizeit", erinnert sich Heinrich Bemelmann, kaufte sich die Familie einen Lieferwagen, in Rüsselsheim, bei Opel. 1.650 Reichsmark hat er gekostet und „das Ding war einfach nicht kaputt zu kriegen". Während des NS-Regimes kam fruchtsaftherstellenden Betrieben wie dem der Familie Bemelmann eine wichtige Rolle bei der Versorgung der Bevölkerung mit gesunden, vitaminreichen Lebensmitteln zu. „Als Stalingrad dann gefallen war, haben die uns plötzlich keine Benzinmarken mehr gegeben, wir waren auf einmal nicht mehr kriegswichtig", erinnert sich der Kelterer. Das Auto konnte mangels Treibstoff nicht mehr gefahren werden und versorgte künftig eine benachbarte Autowerkstatt mit allerlei Ersatzteilen. Glück im Unglück für die Familie: Als der Dorfpolizist den Wagen der Kelterer für den Dienst an Volk und Vaterland beschlagnahmen wollte, sprang dieser einfach nicht an. Zu viele Teile aus dem Inneren des Wagens fuhren in anderen Autos spazieren. Als der Krieg dann vorbei war, waren die fehlenden Teile des Opels schnell wieder organisiert, der motorisierte Vertrieb von Apfelsaft und Apfelwein konnte wieder aufgenommen werden, erzählt der Seniorkeltermeister.

Ähnlich wie die Apfelweinfässer im Keller ist dieser Mann spundvoll mit Geschichten und Geschichtchen aus einem bewegten Leben. Seit 1972 ist er der Chef des Familienbetriebes, und alle arbeiten tüchtig mit. Er selbst ist gelernter Küfer, sein Bruder Franz gelernter Schlosser. Heute bedient dieser mit dem Lieferwagen (nicht mehr mit dem gleichen wie 1936) die Kundschaft in den umliegenden Taunusgemeinden und einigen westlichen Vororten von Frankfurt. Vollbluthandwerker sind sie alle beide. Was auch immer in diesem Betrieb kaputtgeht, reparieren die Brüder selbst. Ein Tag ohne Arbeit im Betrieb, das kommt für sie nicht infrage. Sonntage natürlich ausgenommen. Die Bemelmanns arbeiten gemeinsam, unterstützt von zwei Saisonarbeitern, um die Familienkelterei am Leben zu erhalten. Familienvater Heinrich Bemelmann ist mit seinen 77 Jahren immer noch der Chef und begleitet sein Produkt vom Baum bis in die Flasche. Seine

Martina Bemelmann und ihre Eltern wissen, wie sie den Apfelwein am liebsten mögen: Kräftig, fruchtig, mit ausgeprägter Säure.

Frau steht im Laden und kümmert sich um die Kundschaft, Bruder Franz liefert aus. Die ältere Tochter Maria erledigt den kaufmännischen Teil und die Buchhaltung; Martina hilft, so viel sie kann, überall dort, wo gerade eine Hand gebraucht wird. Gemeinsam mit ihrem Vater bestimmt sie, wann der Apfelwein reif für die Abfüllung ist.

Bemelmanns Apfelwein zählt zu den Vertretern der knochentrockenen Gattung, die mit wenig Restsüße und einem relativ hohen Speierlinganteil nicht unbedingt die breite Masse anspricht. Aber das will man hier auch gar nicht. Dieser Apfelwein ist etwas für Freunde des Herben, ohne Scheu vor schöner, kräftiger Säure. Ein Schuss kalter Sprudel ist hier auch dem erfahrenen Apfelweinfreund empfohlen. Schoppen wie dieser, die lange charakteristisch für südhessische Apfelweine waren, werden mehr und mehr zu einer Seltenheit. Der Trend geht zu den milderen Varianten. Aber das veranlasst die Bemelmanns nicht, den Geschmacksvorstellungen der Mehrheit zu entsprechen. Wäre es denn keine Möglichkeit, einen zweiten Apfelwein anzubieten, der den Vorlieben einer größeren Käuferschicht entgegenkommt? „Nein", sagt Martina Bemelmann, „wir haben das mal überlegt. Aber dann haben wir uns gedacht, dass wir mit unserem Apfelwein die ansprechen wollen, die einen traditionellen Apfelwein schätzen."

Die typischen Mostäpfel der Gegend sind auch bei den Bemelmanns die Grundlage für ihren Apfelwein. Sowohl Äpfel von eigenen Wiesen als auch zugekauftes Obst der Region findet den Weg ins Apfelsilo im Hof der Kelterei. Dort wird eine erste Durchmischung der Sorten vorgenommen. Die ist Bemelmanns besonders wichtig: „Eine ordentliche Streuobstmischung

Linke Seite:
Auf einer Liste wird genau vermerkt, wieviel Kilo Äpfel ein Lieferant wann gebracht hat.

32 | kelterei bemelmann | *frankfurt & umgebung*

ergibt eine wunderbare Harmonie. Viele geeignete Sorten ergeben die richtige Säure, einen schönen Körper. Erst die gegenseitige Ergänzung durch die verschiedenen Sorten ergibt den optimalen Apfelwein", befindet Martina. Die zweite Mischung findet in großen Tanks statt, Inhalt je 27.000 Liter. Nachdem der Apfelwein in den Lagertanks im Keller bei niedrigen Temperaturen ausgereift ist, wird kurz vor dem Abfüllen in die Flasche nochmals gemischt. „Über diese drei Stufen versuchen wir, eine gewisse Kontinuität zu erreichen. Wir schauen, welches Aussehen und welchen Duft die einzelnen Weine in den Tanks haben, und analysieren Säure- und Alkoholgehalt. Dementsprechend wird der Inhalt der Tanks miteinander verschnitten. Durch regelmäßige Verkostung und den Vergleich mit Analysewerten anderer Proben erzielen wir die hohe Qualität, die unsere Kunden von uns erwarten."

So traditionell der Ausbau hier auch vor sich geht, einmal im Jahr hält modernste Technik Einzug in den Betrieb: Per computergesteuerter Filtration wird der Apfelwein, nachdem er von der Hefe getrennt wurde, von seinen Trübteilchen befreit und „klar" filtriert. Früher wurde diese Arbeit von einem Papierschichtenfilter übernommen, ein zeit- und arbeitsaufwendiger Prozess, dem niemand nachtrauert. Ist die Erntezeit zu Ende und der Saft in die Tanks im Keller verbracht, wird kräftig geputzt, gewartet und repariert. Zudem muss der Wein gepflegt, verkostet und aufmerksam begleitet werden, bis zur Abfüllung. Danach startet der Vertrieb und der Verkauf im angeschlossenen kleinen Lädchen. Die eigenen Apfelbäume und Wiesen müssen zudem gepflegt werden, Arbeit gibt es also immer. Richtig so, findet Heinrich Bemelmann: „Am Abend muss man sich fragen, ob man dem Herrgott die Zeit gestohlen hat oder ob man was Vernünftiges geschafft hat."

Im Herbst tun die Erntehelfer ihren Teil, damit der Betrieb reibungslos läuft. Während des Reifeprozesses entwickelt sich jeder Tank ein bisschen anders. Erst vor der Abfüllung werden die Apfelweine miteinander verschnitten.

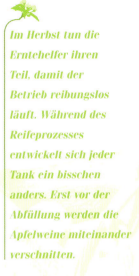

kelerei bemelmann

Neuenhainer Apfelwein

Analyse

vorhandener Alkohol	%vol 5,9
Gesamtsäure	g/l 5,9
Gesamtphenole	mg/l 595

Sensorik

Farbe	goldenes Gelb
Geruch	herb, leicht alkoholisch.
Geschmack	säurebetont, kräftig, leicht adstringierend, sehr trocken.

Kelterei Bemelmann

Schwalbacher Straße 26
65812 Bad Soden Neuenhain

Telefon: 06196 22102

kelterei heil

Fichtekranz für Deutschland.
Apfelwein von glücklichen Äpfeln.

*An eine Zeit ohne die Kelterei können sich diese beiden gar nicht erinnern. **Martin** (oben) und **Christof Heil** führen den Betrieb, heute einer der Branchenriesen.*

„Das hier ist eigentlich keine traditionelle Apfelweingegend", sagt Martin Heil über seine Heimat. Laubuseschbach liegt zwar noch im Taunus, aber der Westerwald grüßt schon herüber, Rheinland-Pfalz ist nicht mehr weit. „Früher haben wir viel mehr nach Frankfurt verkauft als hier direkt vor unserer Haustür. Damals war Apfelwein in Städten wie Limburg und Weilburg überhaupt nicht gefragt, das war jenseits der Apfelweingrenze. Aber heute hat sich das Gott sei Dank total gewandelt. Durch unsere Präsenz hier hat sich das Apfelweingebiet ganz ordentlich ausgebreitet." Dass das so ist, liegt natürlich auch an der Lage der Kelterei: mitten in den Streuobstwiesen von Laubuseschbach. So ist leicht regionale Verbundenheit zu vermitteln, und genau die ist für den Verkauf der Produkte so wichtig. „Jeder, der hierher kommt, kann sich davon überzeugen, dass es bei uns wirklich so aussieht wie auf dem Etikett. Dadurch gewinnen wir an Glaubwürdigkeit und Vertrauen", weiß Martin Heil, der gemeinsam mit seinem Bruder Christof heute das Unternehmen leitet. Martin Heil erinnert sich noch gut daran, wie es früher in der Kelterei war: „Eigentlich war das mehr ein Bauernhof. Wir hatten ja noch einige Tiere in der alten Kelterei. Wenn Christof und ich aus der Schule gekommen sind, haben wir gleich angefangen mitzuarbeiten." Später folgte bei Martin die Ausbildung zum Industriekaufmann und ein Studium der Betriebswirtschaftslehre, Christof studierte Getränketechnologie in der Forschungsanstalt Geisenheim.

Dass die Heils heute einen so gewinnenden Platz für ihr Unternehmen gefunden haben, war keineswegs sicher. Als die Kelterei 1998 aus Laubuseschbach hier auf die Wiesen umziehen wollte, versuchte die untere Naturschutzbehörde den Neubau zu verhindern, dem Unternehmen drohte der Umzug ins Limburger Industriegebiet. Für die Familie Heil, die pro Jahr rund 30.000 Besucher zu Betriebsführungen empfängt, war das eine Schreckensvision: „Wir hätten unsere Heimat verloren. Unsere Nachbarn wären dann ein Pharma-Unternehmen und Speditionen gewesen. So kann man doch keinen Apfelwein verkaufen", meint Heil. Zum Glück kam es anders und der Neubau wurde möglich.

Das Unternehmen Heil wurde als kleine Gastwirtschaft gegründet. Großvater Heil tauschte eine Ziege gegen eine Saftpresse und begann mit der Herstellung eigenen Apfelweins. Heute ist die Kelterei ein stattlicher Betrieb mit 30 Mitarbeitern. Am Tag werden 100.000 Flaschen abgefüllt. Das Apfelweinkernsortiment – der mildere Eschbacher Apfelwein und ein Speierling

– wird durch eine umfangreiche Fruchtsaftpalette ergänzt. Der neueste Zuwachs bei den Produkten der Kelterei ist ein Apfelwein, mit dem Martin und Christof Heil nicht nur die abtrünnigen Hessen, sondern alle Deutschen das Apfelweintrinken lehren wollen: der Fichtekranz. „Als wir angefangen haben", erinnert sich Martin Heil, „mussten wir uns hauptsächlich mit zwei Dingen befassen: Wie kann man Apfelwein auch außerhalb Hessens verkaufen? Und wie kann man Apfelwein in Hessen an Leute verkaufen, die keinen Apfelwein trinken? Die Antwort war relativ schnell klar: Aufräumen! Alles, was mit Bembel, Handkäs und Rippchen mit Kraut assoziiert wird, mussten wir beiseiteschieben." Gesagt, getan. Das Ergebnis ist ein leichter Apfelwein „von glücklichen Äpfeln", wie die Werbung sagt, will meinen: aus Äpfeln, die aus biologischem Anbau stammen. Das Image hat nichts mehr mit dem tradierten Bild des Apfelweines zu tun. Fichtekranz gibt es pur in der Literflasche, sauer- und süßgespritzt, wobei man hier für die süße Variante keine Limonade verwendet, sondern Apfelsaft und Kohlensäure.

Die Idee, Apfelwein mit einem neuen, frischen Image zu belegen und dafür zu sorgen, dass auch in Szenekneipen und Bars wieder mehr Apfelwein getrunken wird, ist aufgegangen. Auch wenn es speziell in Frankfurt gar nicht leicht ist, Kunden davon zu überzeugen, auch mal einen Apfelwein zu probieren, der nicht die hier typische, herbe Note aufweist, ist das Experiment keineswegs gescheitert. In anderen Städten, etwa Berlin, Köln, Hamburg und Darmstadt, konnten die Heils ein stabiles und stetig wachsendes Vertriebsnetz aufbauen. Und woran liegt das? „Wir mussten einfach keine Überzeugungsarbeit leisten und brauchten nichts zu erklären", sagt Martin Heil. „Das Produkt steht nur für sich. In anderen Städten

kennt ja niemand Apfelwein. Außerhalb Hessens sind wir auch deswegen gut mit dem Fichtekranz an den Start gekommen, weil er nicht so trocken ist wie ein normaler Apfelwein. Das spricht die Leute an." Wichtig sei zudem, Wirte zu finden, die Spaß an der Idee haben: „Wenn die Gastronomen dahinterstehen, klappt das. Wir mussten für den Fichtekranz Wirte finden, die sich dafür starkmachen. Und solche Wirte brauchen wir ganz generell für den Apfelwein in Hessen. Es gibt leider immer noch viel zu viele Gastronomen, denen der Apfelwein vollkommen egal ist. Die sich auch nicht mit den Veränderungen und Entwicklungen auf dem Apfelweinmarkt beschäftigen. Viele sind stolz auf ihre soundsoviel Biersorten, aber Apfelwein spielt da oft keine große Rolle. Gott sei Dank gibt es immer noch viele Wirte, die in ihrem Lokal diese gewisse Apfelweingemütlichkeit haben wollen. Die tun richtig was für den Apfelweinumsatz."

Linke Seite unten: Das alte Produktionsgelände wurde zu klein, deswegen wurde eine große Produktionsstätte auf der grünen Wiese gebaut.

Apfelwein nicht nur für Hessen: „Fichtekranz" verkauft sich auch in Berlin und Hamburg.

kelterei heil

Speierling Apfelwein

Analyse

vorhandener Alkohol	%vol 5,0
Gesamtsäure	g/l 5,4
Gesamtphenole	mg/l 273

Sensorik

Farbe	helles Gelb
Geruch	kräftig, kernig
Geschmack	eher trocken, leicht gerbstoffig.

Kelterei Heil
An den Obstwiesen
35789 Laubuseschbach
Telefon: 06475 9131-0
www.kelterei-heil.de

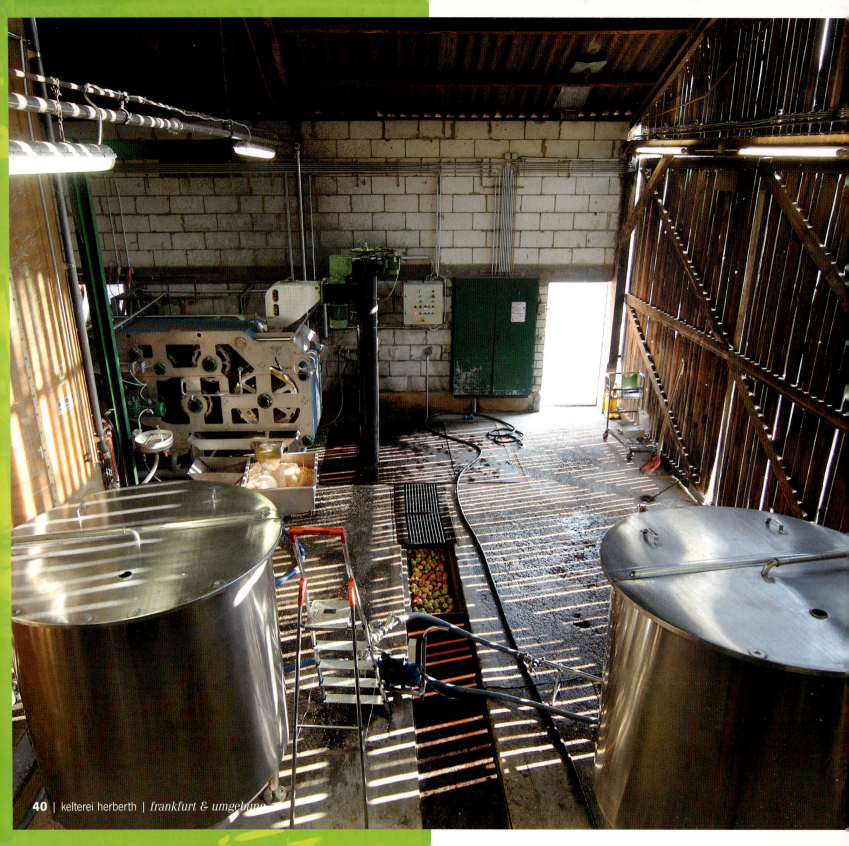

kelterei herberth

Wenn zur Erntezeit die Autos an der Apfelannahme Schlange stehen.
Die Lohnmostkelterei als selbstverständlicher Teil des Dorfes.

Hält die Apfelweintradition im Taunus am Leben. **Georg Peter Herberth** *tut viel für den Erhalt des typisch hessischen Apfelweins.*

Die Idylle an der Kelterscheune der Familie Herberth in Eschborn-Niederhöchstadt ist so komplett, fast könnte man den Verdacht haben, sie sei gestellt. Die kleine Scheune ist umstanden von Apfel- und Walnussbäumen, ein kleines Förderband ragt daraus hervor, von dem Reste aus der Presse in den Hänger eines Traktors fallen. Einige Pferde fressen Äpfel, die im Gras liegen. Vor der Scheune nachbarschaftliches Palaver: Kleingärtner, Wiesenbesitzer bringen ihre Ernte her, damit die Herberths ihnen daraus Saft pressen. Besonders an Samstagen, wenn die Leute Zeit haben, ihre Bäume zu ernten, kann es bei der Apfelannahme schon mal zu Wartezeiten kommen. Die Idylle trügt also nicht, so sieht es einfach aus, wenn ein Lohnmostbetrieb noch in die dörfliche Struktur eingebunden ist.

Gegründet wurde die Kelterei 1970. Vater Georg Herberth, bis dahin Landwirt, verkaufte Kühe und Dreschmaschine, modelte den Kuhstall in ein Tanklager für die Apfelweinfässer um und kaufte eine Kelteranlage. Der Apfelwein wurde in Weinflaschen abgefüllt, mit einem Korken verschlossen und persönlich mit dem Lieferwagen zum Kunden transportiert. Seitdem haben sich die Herberths gar nicht so weit von ihren Wurzeln entfernt. Natürlich sind die Produktionsverhältnisse heute professioneller geworden und der Betrieb ist gewachsen. Aber nur so weit, dass die Familie die Arbeit mit ein paar Aushilfen noch alleine bewältigen kann. „Wir legen Wert darauf, gute Produkte zu machen und anständig zu arbeiten. Aber wir haben keine übertriebene Neigung, als Betrieb zu wachsen. Wir wollen als Familie davon leben, das reicht vollkommen", sagt Georg Peter Herberth, Keltereichef der zweiten Generation.

Um zu erreichen, dass die Familie ihr Auskommen hat, beherzigen die Herberths zwei goldene Regeln. Die erste: beste Qualität beim Obst – „die Qualitätskontrolle beginnt gleich bei der Anlieferung. Alles, was nicht top ist, wird gleich aussortiert. Außerdem wollen wir ein schönes Mostgewicht haben. Wenn wir richtig anfangen zu keltern, sollen die Äpfel mindestens 50 Grad Öchsle haben. Dann haben wir am Ende der Saison gutes Obst zum Einlagern der Säfte." Die zweite goldene Regel betrifft den Vertrieb. Im Gegensatz zu früher nimmt der Außendienst einen großen Teil der Zeit ein: „Ich kann nicht mehr in meinem Büro sitzen wie vor 20 Jahren und damit rechnen, dass die Kunden zur Tür reinkommen und sagen: ‚Ach, da ist ja der Herberth, ich hätte gern ein bisschen Apfelwein.' So läuft das heute nicht mehr. Die Bereitschaft der Gastronomen, den Lieferanten zu

Für die Erstklässler gibt es den Apfelsaft frisch von der Presse, in ein paar Jahren darf es vielleicht schon mal ein Schlückchen Tiefgespritzter sein.

wechseln, ist in viel höherem Maße gegeben als früher. Heute muss ich mich ganz aktiv um die Kunden bemühen." Und das tun die Herberths auch.

Das fängt schon beim Nachwuchs an. Kindergartengruppen und Schulklassen besuchen in der Saison regelmäßig die Kelterei. Zuerst bekommen die Kleinen erklärt, welche Äpfel sich warum für die Saftherstellung besonders gut eignen, dann wird der Weg vom Apfel bis zum Saft besichtigt und erläutert, anschließend gibt's frisch gepressten Apfelsaft für alle. Georg Peter Herberth weiß: „Wir müssen schon den Kindern vermitteln, dass das was ganz Besonderes ist. Es ist unsere Aufgabe, zu zeigen, dass Herbst nicht dann ist, wenn die Blätter von den Bäumen fallen, sondern dass Herbst dann ist, wenn die Äpfel reif sind und es frischen Süßen gibt." Die älteren Kunden, die sich mehr für die Apfelweinpalette als für Saft interessieren, kommen natürlich auch nicht zu kurz. Im Apfelweingarten auf dem Betriebsgelände am Krontaler Kurpark sitzt man mitten in der Natur, direkt am schönen Park, unter hohen Bäumen, wo man selbst an heißen Tagen den Halbschatten genießen kann. Hier können die Herberths die regionale Apfelweinkultur auf ihre schönste Art vermitteln.

Die Äpfel für die Produktion bezieht die Familie aus der direkten Umgebung. In den Gemeinden Kronberg, Schwalbach, Steinbach, Oberhöchstadt, Eschborn und Niederhöchstadt gibt es so reichliche Baumbestände, dass der Bedarf eigentlich problemlos gedeckt werden kann. „Aber wir leben nun einmal nicht auf einer Insel", wendet Georg Peter Herberth ein. „Es gibt hier ja noch andere, auch größere Keltereien in der Gegend. Deswegen haben wir jetzt auch einen Apfelannahmepreis von

zwölf Euro für den Doppelzentner. Das ist gegenüber dem letzten Jahr, in dem wir noch neun Euro für die gleiche Menge gezahlt haben, ganz schön happig." Die Kelterei kann auf eine Kundschaft vertrauen, die durchaus bereit ist, für ihren Apfelwein etwas mehr zu bezahlen. Eine notwendige Preiserhöhung im Sommer 2006 hat die Kundschaft klaglos hingenommen. „Gott sei Dank", sagt Georg Peter Herberth, „als kleiner Betrieb hatten wir keine andere Wahl. Mit billig können wir nun mal nicht dienen." Im Januar 2008 hat er den Betrieb von den Eltern übernommen. Wenn alles gut läuft, wird bei den Herberths also auch in den nächsten 20 bis 25 Jahren Apfelwein gekeltert. Mindestens.

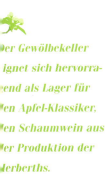

*er Gewölbekeller
ignet sich hervorra-
end als Lager für
en Apfel-Klassiker,
en Schaumwein aus
er Produktion der
lerberths.*

kelterei herberth

Herberth´s Urschoppen

Analyse

vorhandener Alkohol	%vol 6,8
Gesamtsäure	g/l 6,3
Gesamtphenole	mg/l 346

Sensorik

Farbe	goldenes Gelb
Geruch	feines Bouquet von reifen Äpfeln.
Geschmack	mild, fruchtig, lange auf der Zunge.

Kelterei Herberth

**Im Kronthal 12-16
61476 Kronberg**

Telefon: 06173 4064

www.herberth.de

landkelterei höhl

Die älteste Kelterei Hessens.
Apfelweinherstellung mit langer Tradition.

Johanna Höhl steuerte das Unternehmen durch unruhige Zeiten. Mit viel Engagement hat sie für den Erhalt der Marke Höhl gesorgt.

Die Kelterei der Familie Höhl zählt zu den traditionsreichsten Apfelweinkeltereien weltweit. Seit 1779 wird hier Apfelwein hergestellt, damit ist der Betrieb die älteste Apfelweinkelterei Hessens – und auch heute noch einer der ganz großen innerhalb einer kleinen Branche. Dass das so ist, liegt zu einem Gutteil an Johanna Höhl, die die Firma in der achten Generation führt. Sie hat das Traditionsunternehmen durch teilweise sehr unruhiges Fahrwasser steuern müssen, denn sie hat es in einer Zeit übernommen, in der die Zukunft der Kelterei, eine der werbeaktivsten der Branche, keineswegs gesichert war. Ein in die Enge getriebener Branchenriese? Eine der bekanntesten Apfelweinmarken vor dem Aus? Was war geschehen? Johanna Höhl erinnert sich: „In den 80er Jahren, bis zum Anfang der 90er Jahre hatte der Apfelwein eine Hochzeit. Der Gesamtapfelweinmarkt war damals bei ungefähr 110 Millionen Litern. Allein 30 Millionen haben wir hier in Hochstadt produziert. Nach dieser unglaublichen Entwicklung haben wir natürlich gedacht, das ginge immer so weiter. Also haben wir ziemlich viel Gelände gekauft, weil wir bauen und uns für die Zukunft rüsten wollten." Aber der vielversprechende Markt entwickelte sich nicht wie gehofft, der geplante Erweiterungsbau wurde nicht durchgeführt. Eine 15-jährige Wiederverkaufssperre erschwerte die Situation zusätzlich. Die Kelterei saß auf einem riesigen Gelände, dass sie weder gewerblich nutzen, noch veräußern konnte. „Jahr für Jahr haben wir Zinsen für ein Stück Land gezahlt, das wir nicht nutzen konnten und nicht verkaufen durften. Das hat uns ziemlich ausgeblutet", so Johanna Höhl. Zu diesem „Privatproblem" der Kelterei kam, dass sich die Absatzzahlen am Gesamtmarkt nach dem regelrechten Apfelweinboom der 1980er Jahre keineswegs gemäß den Erwartungen entwickelten, sondern massiv zurückgingen.

Zum Beginn der 1990er Jahre bekam der hessische Apfelwein einen Konkurrenten, wie es bis dahin keinen gab: das Weizenbier. Dessen Auftritt in der Arena machen viele hessische Kelterer – auch Johanna Höhl – mitverantwortlich dafür, dass der Apfelweinmarkt sich nie wieder so richtig hat erholen können. „Bis 1990 hat der ordentliche Hesse seinen Apfelwein getrunken. Und nichts anderes", erklärt sie. „Man hat im Sommer Gespritzten getrunken; wenn es nicht ganz so heiß war, hat man ihn pur getrunken und im Winter hat man ihn als Heißen getrunken. Das war selbstverständlich. Traubenwein wurde nur am Wochenende konsumiert, oder dann, wenn es etwas zu feiern gab. Aber das Weizenbier hat den Apfelwein unheimlich viel Absatz gekostet."

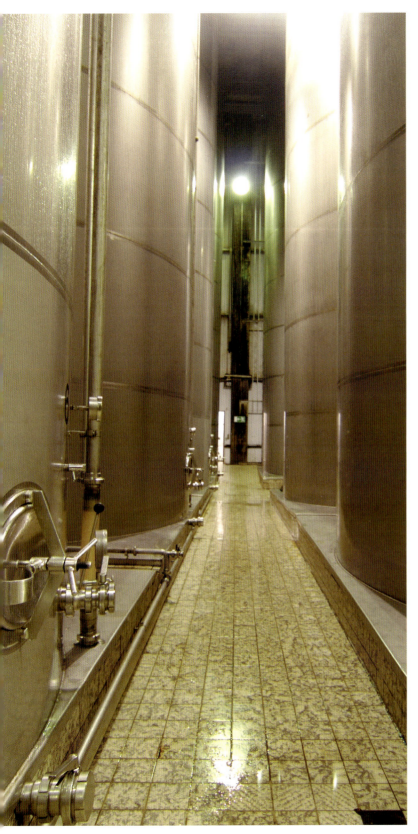

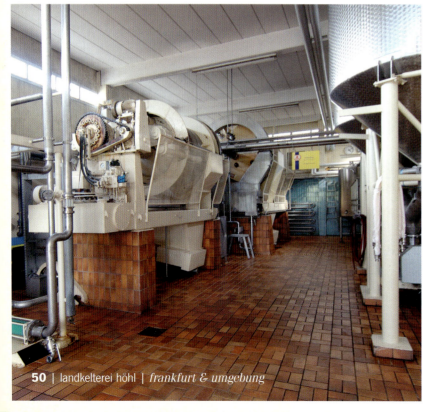

Heute steht die Landkelterei Höhl wieder auf gesunden Füßen, dafür hat Johanna Höhl durch viel Engagement, innerbetriebliche Umstrukturierungsmaßnahmen und notwendige Synergien mit Partnerfirmen aus der Branche gesorgt. Die Füllstraße und der Vertrieb sind ausgelagert, in Maintal wird nur noch Apfelwein hergestellt. „Die Keltereien Stenger, Heil und Rapp´s, mit der wir auch ein gemeinsames Logistikzentrum in Karben betreiben, übernehmen es, unseren Apfelwein in Flaschen zu füllen. Das bringt uns große Ersparnisse. Betriebswirtschaftlich ist es sinnvoll, in so harten Zeiten Synergien zu nutzen. Aber freiwillig hätten wir das sicherlich nicht gemacht", sagt die promovierte Betriebswirtin.

Daran, dass auch der Apfelweinmarkt wieder wachsen wird, glaubt Johanna Höhl ganz fest, „aber nicht dadurch, dass wir uns gegenseitig beschimpfen und destruktiv Wettbewerb betreiben". Nur gemeinsam gehe es, darum hat sie mit anderen Branchengrößen auch einen PR-Ausschuss gegründet, in dem regelmäßig erörtert wird, wie der Apfelwein erfolgreich in der Öffentlichkeit zu positionieren ist. Eine Marschrichtung kennt Johanna Höhl bereits: „Die große Chance des Apfelweins ist seine Authentizität, seine Unverfälschtheit. Für die Region ist der Apfelwein nicht nur ein Getränk, sondern ein ganz wesentliches Stück Lebenskultur. Der Apfelwein ist ja auch wirklich was Wunderbares. Er hat eine Fruchtigkeit, aber auch das Adstringierende vom Apfel und die gesunden Polyphenole, die in den alten Mostsorten enthalten sind." Darüber hinaus sei Apfelwein ein probates Mittel gegen Hektik und Oberflächlichkeit: „Bei dem ganzen Schnickschnack, der überall betrieben wird, glaube ich, dass es einfach wichtig ist, sich auf die Region, also auf den Apfelwein, zu besinnen." Wenn Johanna Höhl erzählt, weiß man, warum sie in der Branche als eine der besten Fürsprecherinnen des Apfelweins gilt. Sie pflegt ein leidenschaftliches Verhältnis zum Apfelwein, besonders zu ihrem eigenen. Dessen besondere Qualität habe ihren Grund in der Kaltvergärung, die in der Kelterei Höhl zur Tradition gehört. „Wir sind der einzige Betrieb, der kalt vergärt. Bei uns herrschen Tag und Nacht die gleichen Temperaturen, vier bis fünf Grad. Durch die niedrigen Temperaturen vergären die Säfte sehr langsam, davon versprechen wir uns ein sehr aromatisches Produkt."

*Vorherige Seite:
60 x 300.000: Hier können 18.000.000 Liter Apfelwein und Saft lagern. „Und das brauchen wir auch", sagt Johanna Höhl. Durch den langen Gärprozess wird viel Lagervolumen blockiert."*

landkelterei höhl

Der alte Hochstädter

Analyse

vorhandener Alkohol	%vol 5,8
Gesamtsäure	g/l 6,0
Gesamtphenole	mg/l 321

Sensorik

Farbe	kräftiges Gelb
Geruch	-
Geschmack	eher trocken, leichte Säure.

Landkelterei Höhl

Konrad-Höhl-Straße 2-4
63477 Hochstadt

Telefon: 06181 40990

www.hoehl-hochstadt.de

landsteiner mühle

Hier wird mit Konventionen gebrochen.
Apfelwein passt einfach zu allem!

„Apfelwein geht auch anders!". **Michael Stöckl** *will, dass der Apfelwein eine größere Rolle in der Gastronomie spielt und geht mit gutem Beispiel voran.*

Michael Stöckl ist ein Sommelier, ein Weinkellner. Durch seine Ausbildung ist er ein Könner im Schmecken und Riechen, ausgestattet mit einem feinen Gaumen und einer sensiblen Nase. Außerdem, und das ist vielleicht sein wichtigstes Kapital, kann er, was dem gewöhnlichen Weintrinker oft schwerfällt: Struktur und Charakter des Weines, das Spiel der vielfältigen Aromen in Worte fassen. Am anschaulichsten zu erleben ist die Qualität seiner Ausbildung, wenn er im Restaurant die passenden Weine zum Essen empfiehlt und dadurch die optimale Kombination entsteht.

Aber Michael Stöckl ist nicht irgendein Sommelier. Er ist Hessens einziger Apfelweinsommelier. Nachdem er einige Stationen in der Gastronomie durchlaufen hatte, ließ er sich auf der Sommerlier-Schule in Koblenz ausbilden. Danach erweiterte Stöckl die erworbenen Kenntnisse und brachte sie mit seiner persönlichen Neigung zum Apfelwein in Einklang. Heute leitet Stöckl die Landsteiner Mühle, ein kleines, feines Restaurant mit Tradition im Weiltal im Taunus, das er selbst Apfelweinbistrorant nennt. Die Küche verbindet Traditionell-Regionales mit österreichischen Schmankerln. Einzigartig ist die Begleitung durch Apfelweine – um die 30 Positionen finden sich auf der Apfelweinkarte – manches auch im Preissegment eines guten QbA-Weines. Die große Mehrheit der Posten kommt aus Hessen, dem Österreichischen Mostviertel, der Normandie und Baden-Württemberg. Von seinem Eigenen, der Cuvée Cronberg und einem sortenreinen Bohnapfelwein, bietet Michael Stöckl nur eine verhältnismäßig kleine Menge an. 1.000 Liter müssen ausreichen, um die Aufmerksamkeit der auf Apfelwein geeichten Gäste auf die Keltererqualitäten des Sommeliers zu lenken. Dafür, dass sein Personal sich mit der Apfelweinherstellung im Allgemeinen und den Posten der Apfelweinkarte im Speziellen gut auskennt, sorgt Michael Stöckl mit regelmäßigen Schulungen und durch gemeinsames Keltern. Das Stöckl´sche Stöffchen schmeckt den Gästen jedenfalls gut, die Keltermenge musste nach und nach vergrößert werden. Um sicherzustellen, dass auch in Zukunft ausreichend geeignete Mostäpfel vorhanden sind, wird Michael Stöckl im Herbst 2008 eine weitere Apfelwiese direkt gegenüber der Mühle anpflanzen. „Hier kann ich meine eigene Steuobstwiese mit genau den Äpfeln aufbauen, die ich für meinen Apfelwein verwenden möchte", sagt er mit Begeisterung. Durch die Auswahl der Sorten und den durch gezielten Beschnitt gesteuerten Wuchs der Bäume entsteht ein Experimentierfeld, das vielleicht einmal beispielhaft für den zukünftigen

Vor der Reformation wurden hier Ablässe verkauft, heute werden hier zum Auftakt erlesener Apfelweinmenues schon mal besondere Apfelweine ausgeschenkt: Die Kirchenruine am Landstein.

Apfelweinbau sein kann. Bis die hochstämmigen Bäume im Vollertrag stehen, werden allerdings noch ein paar Jahre ins Land gehen.

Natürlich führt der gelernte Weinfachmann nicht nur Apfelweine im Sortiment. Wer aber das Besondere dieses Apfelweinbistrorants im Taunus kennenlernen möchte, der vertraue auf eine passende Apfelweinempfehlung zum Essen. Oder er zäume das Pferd von hinten auf und entscheide sich etwa für einen Boskoopapfelwein mit Speierling und lasse sich ein passendes Essen dazu empfehlen. Michael Stöckl sieht in der Begleitung eines Essens durch Apfelwein absolut keine Schwierigkeiten. Für ihn sind die Konventionen der klassischen Weinberatung sowieso aufgebrochen: „Man trinkt Weißwein zum Lamm, Rotwein zum Fisch, das geht ja alles, da rümpft keiner mehr die Nase. Und deswegen geht das auch mit dem Apfelwein. Die Aromatik des Essens muss nur zum Apfelwein passen." Sind die Speisen eher gehaltvoll oder kommen Röstaromen ins Spiel, sollte man einen Apfelwein aufmachen, den eine kräftige Struktur prägt, nicht vordergründige Säure, beispielsweise Bohnapfel, Graurenette und Winterprinzenapfel. Leichtere Weine aus Äpfeln wie Brettacher oder der Roten Sternrenette eignen sich für den Menüeinstieg und zur Begleitung von leichten Speisen oder Fischgerichten. Aber wie sieht es mit sehr kräftigen Gerichten wie zum Beispiel einem Gänsebraten aus? Kann ein Apfelwein – von Natur aus alkoholärmer als Wein und von schlankerer Struktur – dem fetten Vogel standhalten? „Das ist dann eine ganz andere Typizität. Wenn ein Apfelwein zu einer Gans passen soll, muss er kräftig sein, das erreicht man etwa durch die Zugabe von Speierling", weiß der Sommelier. „Es hilft auch, wenn die Äpfel durch eine späte Lese mehr Aroma mitbringen. Oder man baut den Apfelwein in einem Barriquefass aus,

damit er mehr Gerbstoffe bekommt. Das Ergebnis ist aber natürlich so oder so nicht mit einem Barolo zu vergleichen." Fazit: Apfelwein zur Gans – das passt, aber es passt eben anders.

Den Gästen der Landsteiner Mühle kann es nur recht sein, hier in eine neue Welt der Apfelweinkultur eingeführt zu werden, mancher Kollege sieht es vielleicht anders. „Für die meisten ist der Apfelwein ein rein bäuerliches Getränk, die belächeln mich eigentlich wegen meiner Beschäftigung damit", sagt Michael Stöckl, und er kann sich auch erklären, woran das liegt: „Wenn man als Sommelier ausgebildet ist, jahrelang mit Wein zu tun hatte und dann Apfelwein probiert, stellen sich einem die Haare auf. Die Säurestruktur ist eine ganz andere, weil es nur Apfelsäure im Apfelwein gibt. Im Wein ist ja noch Weinsäure drin – das macht einen erheblichen Unterschied. Ich habe mir eben dadurch, dass ich den Apfelwein immer begleitet habe, dessen Geschmacksbild früh erschlossen und hatte es schon immer abrufbereit."

Michael Stöckl hat einen Wunsch. Er möchte, dass das Produkt Apfelwein weiterentwickelt wird. Arbeitet ein anderer Wirt nach dem Motto „Geschmackliche Vielfalt ergibt sich höchstens aus den unterschiedlichen Mischungen mit Mineralwasser und Limonade" oder hört er in Apfelweinlokalen von Kellnern Sätze wie „Apfelwein schmeckt erst nach dem vierten, bestenfalls nach dem dritten Schoppen", treibt ihn das auf die Palme. Er wünscht sich, dass der Apfelwein in der Gastronomie weniger stiefkindlich behandelt wird. „Viele wissen ja noch nicht mal, an welcher Stelle sie ihn in die Getränkekarte schreiben sollen. Unter das Bier? Zu den Säften? Statt dass sie darauf kommen, eine Kategorie „Apfelwein" aufzumachen, selbst wenn dann nur einer drinsteht. Nie steht der Apfelwein da, wo er hingehört: ganz oben auf der Getränkekarte."

Linke Seite:
Was der Patron für die Apfelweinkarte oder die kleine, aber hochkarätig bestückte Verkaufsecke auswählt, wird zu allererst ausgiebig verkostet.

landsteiner mühle

Cuvée Cronberg

Analyse

vorhandener Alkohol	%vol 6,8
Gesamtsäure	g/l 4,0
Gesamtphenole	mg/l 575

Sensorik

Farbe	goldenes Gelb
Geruch	leichte Fruchtnoten
Geschmack	leicht herb, frische Säure, schön trocken.

Landsteiner Mühle

Landstein 1
61276 Weilrod

Telefon: 06083 346

www.landsteiner-muehle.de

kelterei nöll

Mit Leib und Seele für den Apfelwein.
Die Kelterei im Frankfurter Westen erzeugt seit Jahren feinsten Apfelwein.

*Self-Made-Kelterer **Gerhard Nöll** gilt großen wie kleinen Kollegen als wertvoller Ratgeber in Kelterfragen. Sohn **Alexander** ist momentan mitten in der Ausbildung und deswegen nur aushilfsweise im Betrieb.*

Es war einmal eine Zeit, da gab es im Frankfurter Stadtteil Griesheim eine gelebte Apfelweinkultur. Es gab Keltereien, Apfelweinwirtschaften, und so gut wie jeder hatte sein selbst gekeltertes Stöffchen im Keller. Aber die Wirte, die früher ganz selbstverständlich selbst gekeltert haben, gibt es heute nicht mehr. Die Nachfahren der alten Wirte haben die Tradition nicht weitergetragen, aus Apfelweinlokalen wurden Bierlokale. Heute gibt es in Griesheim nur noch einen Betrieb, in dem Apfelwein hergestellt wird, die Kelterei der Familie Nöll. In dem Familienbetrieb im alten – dörflicheren, schöneren – Teil Griesheims wird seit 1962 selbst gekelterter Apfelwein verkauft. Davor, seit 1876, waren die Nölls Küfer und stellten Spezialfässer und Säurebottiche für die Farbwerke Höchst, Degussa und Messer Griesheim her. Als aber in der Industrie andere Materialien für Fässer und Gebinde nachgefragt wurden, ging die Nachfrage nach Holzfässern stark zurück. Auch die Winzer gingen langsam, aber sicher vom Holz zu Edelstahl und Kunststoff über. Die Zeit der alten Küfereien war damit vorbei. „Wir mussten etwas verändern, also haben wir angefangen, Apfelwein zu machen. Das war naheliegend, weil wir schon immer für unseren Bedarf gekeltert haben", erinnert sich Gerhard Nöll, Senior der Kelterei. Der Keller unter Haus und Hof war voll mit besten Holzfässern, die Lagerung großer Mengen Apfelweins damit kein Problem. Die Nölls stellten also von Küferei auf Kelterei um.

Das Geschäft mit dem Stöffche lief von Jahr zu Jahr besser, nach und nach konnte man die kleinen Fässer in größere Tanks umtauschen und in die Technik investieren. Die Konkurrenz war zu dieser Zeit schon etabliert und der Frankfurter Absatzmarkt bereits heiß umkämpft. „Der Possmann war ja damals schon ein Riese und die Kelterei Höhl kam zu der Zeit gerade so richtig in Schwung", beschreibt Gerhard Nöll die Situation zum Beginn seiner zweiten Karriere. Kein allzu einfacher Start für ein Unternehmen, aber es hat funktioniert. Im Lauf der Zeit kamen die Nölls zu einem ansehnlichen Kundenkreis: Gastronomie, Hotels und Kleingartenvereine ergänzten die Kundschaft, die ihren Apfelwein direkt im Hof der Kelterei abholten. Ein kleiner Getränkevertrieb, den die Familie 1972 parallel eröffnete, sorgte zusätzlich für Stabilität. Darauf, die Apfelweine in den Regalen der Supermärkte zu platzieren, hat die Familie gern verzichtet. „Wir müssten dann aufstocken, viel mehr Masse machen. Aber das haben wir nie gewollt. Wir haben diese Größe gewählt, weil wir ein Familienbetrieb bleiben wollten. Wir möchten auch mal Urlaub machen und nicht nur malochen" – die sympathische Philosophie Gerhard Nölls.

frankfurt & umgebung | kelterei nöll | **59**

Unter den Apfelweinherstellern nimmt er so etwas wie eine Mittlerfunktion ein. Nicht nur, weil er mit einer Apfelwein-Jahresproduktion von etwa 500.000 Litern zwischen den ganz Kleinen und den ganz Großen liegt, sondern auch, weil er sich immer um Ausgleich zwischen den „Industriellen" und den „Handwerklichen" bemüht. Was nicht immer einfach ist. Schließlich befinden sich zwischen den Meinungen über die richtige Herstellung oft kilometertiefe und -weite Gräben. Gerhard Nöll sieht seine Aufgabe auch darin, seinen Teil dazu beizutragen, dass kein Apfelweinfreund von miesen Qualitäten abgeschreckt wird. Deswegen unterstützt er andere mit Rat und Tat und setzt sich mit den Erzeugnissen seiner Kollegen gerne auseinander. „Immer respektvoll, das ist ja klar. Ich habe auch ein gutes Verhältnis zu den Kollegen. Aber wenn Kritik angebracht ist, dann äußere ich sie auch", erklärt er. Manchmal ist das Miteinander in der kleinen Apfelweinbranche mit ihren regionalen Grenzen gar nicht einfach. Wer am Markt bleiben und seine Kunden in der Apfelweingastronomie nicht verlieren will, muss sich dem Kundenwillen beugen, selbst wenn dieser Willen dem eigenen Anspruch zuwiderläuft. Gerhard Nöll erinnert sich an die finstere Vergangenheit: „Wenn der Kunde das so wollte, haben wir unseren Apfelwein sogar nachts geliefert und die Schilder an unserem Lkw zugeklebt. Damit niemand sieht, dass in dem Lokal nicht selbst gekeltert wird." Aber heute gäbe es so etwas nicht mehr. „Bei manchen liefern wir unseren Apfelwein immer noch nachts, aber wir kleben unsere Werbung nicht mehr ab", fügt er lachend hinzu. Zudem hat der Wettbewerb in Frankfurt zugenommen. „Früher hat jeder seine Ware verkauft, jeder konnte davon leben", erzählt Gerhard Nöll. Heute sei das anders. Der Wettbewerb auf dem Markt habe an Schärfe deutlich zugenommen.

Als Vorstandsmitglied des Hessischen Verbandes der Apfelwein- und Fruchtsaftkeltereien ist Gerhard Nöll mitverantwortlich dafür, das Bild des Apfelweins in der Öffentlichkeit zu schärfen. Angeregt von der Apfelweinmesse im Spanischen Giron „und den Sauerkraut-, Gurken- und Weinbruderschaften der Franzosen", hat der Verband 2007 den Ersten Deutschen Apfelweinkongress ins Leben gerufen. Künftig will man einmal jährlich tagen, um Gedanken auszutauschen, Öffentlichkeit zu schaffen, Gemeinsamkeiten zu finden und Widersprüche aufzulösen.

Im Herbst lagern
im Hof der Kelterei
Äpfel, die in der
Kelter erst gemahlen
und anschließend
gepresst werden.

Selbst wenn die Branche übergreifende Strategien entwickelt, wie das Image des Apfelweins aufzuwerten ist: Letztlich muss jeder Kelterer in seinem Betrieb dafür sorgen, dass die Sache vorangeht. Und das macht Gerhard Nöll bei sich durch genaues und sorgfältiges Arbeiten und kontinuierliche Weinbegleitung. „Man muss einfach wissen, was man im Keller hat. Dann wird entsprechend kombiniert. Durch das Verschneiden der neuen Apfelweine soll eine gleichbleibende Qualität erreicht werden. Das hat sehr viel mit Erfahrung zu tun. Bis man die hat, muss man einfach viel ausprobieren." Diese Erfahrung hat zu einer reichhaltigen und erstklassigen, von der DLG mehrfach ausgezeichneten, Apfelweinpalette geführt. Den recht schmackhaften klassischen Frankfurter Apfelwein gibt es ohne und mit echtem Speierling, außerdem findet sich in dem hervorragenden Sortiment noch ein Apfeldessertwein mit dem leicht obskuren Namen ‚Apple Dream', der Perlwein ‚Secco' und ein ausgesprochen trinkenswerter Apfelschaumwein, der reife Apfelaromen und ein feines Moussieren aufweist, zu haben in den Varianten trocken und brut.

So könnte es doch eigentlich in den nächsten Jahren weitergehen, oder? „Ja, klar, momentan bin ich noch zu jung fürs Altenteil", lautet die Antwort. „Ich werde aber bald 60, und irgendwann in den nächsten Jahren wird wohl mein Sohn Alexander den Betrieb übernehmen. Wenn er kommt, werden wir seinen Wünschen gerecht werden, aber ansonsten haben wir dann unsere Schuldigkeit getan." Man kann ihn sich schön vorstellen, den Ruhestand von Gerhard Nöll und seiner Frau Maria. Mehr verreisen, anderen beim Arbeiten zuschauen und immer mal eine kleine Runde durch den Apfelweinkeller drehen. Weil man es einfach nicht lassen kann.

kelterei nöll

Frankfurter Apfelwein Speierling

Analyse

vorhandener Alkohol	%vol 6,2
Gesamtsäure	g/l 4,8
Gesamtphenole	mg/l 559

Sensorik

Farbe	eher helles Gelb
Geruch	Weinäpfel, leicht herbes Aroma.
Geschmack	Typisch echter Speierling. Leicht kernig, schöne Ballance von Säure und Frucht, trocken.

Kelterei Nöll

Alt Griesheim 8
65933 Frankfurt am Main

Telefon: 069 381442

www.noell-apfelwein.de

kelterei possmann
Frankfurter Institution seit 1881.
Mit „Big Äppler" und Apfelschaumwein auf der Suche nach dem Trend.

Martin Henke ist verantwortlich dafür, dass Possmann immer Possmann ist. In der Kelterei ist er der Herr der Apfelweine.

„Apfelwein ist Frankfurt ist Possmann" lautet die markante Gleichung, mit der Martin Henke, Kellermeister in der Frankfurter Großkelterei, den Rang seiner Produkte bestimmt – und das ist nicht falsch. Es gibt zwar noch andere große Keltereien, deren Produkte mit denen der Possmänner auf dem dicht gedrängten Markt in Südhessen – und besonders in Frankfurt – konkurrieren. Nur sitzen die eben nicht in Frankfurt, sondern drum herum. „Apfelwein ist Frankfurt ist Possmann" ist daher die Mathematik à la Possmann, souverän und selbstbewusst. So wie eigentlich alles an diesem Unternehmen. Die Menschen, die hier arbeiten, das von alten, hohen Bäumen umstandene Firmengelände mit den niedrigen, lang gestreckten Häusern, die riesigen Tanks, in denen im Sandsteinkeller der Apfelwein lagert – jeder und alles strahlt die Botschaft aus: „Ich bin Teil eines alteingesessenen, traditionsreichen und kerngesunden Betriebes." Eine Institution? Für viele ja, aber beileibe nicht für alle. Denn wer größer ist als die Kleinen, auf den wird gerne auch geschimpft. Gerade in der Apfelweinbranche. Und die Kelterei Possmann ist eine der größten. Von den rund 40 Millionen Litern Apfelwein, die pro Jahr in Hessen getrunken werden, kommen allein 15 Millionen von hier. Im Gegensatz zu anderen industriell arbeitenden Keltereien werden hier nur Äpfel verarbeitet. Apfelweine, Apfelsäfte, Schorle, Schaumwein. Auf ein breit gefächertes Sortiment, mit Orangen-, Multivitaminsaft und mehr, wird ganz bewusst verzichtet. Daraus leitet sich auch der hohe Anspruch an die Qualität der wenigen eigenen Produkte ab. „Unsere Produkte müssen richtungweisend sein. Im Apfelweinbereich müssen wir qualitätsmäßig einer der Besten sein", sagt Henke und ergänzt: „Seit 1968 haben wir 86 Goldmedaillen bei der DLG bekommen. Wir haben also die Qualität nicht erst vor ein paar Jahren erfunden, wir praktizieren das schon seit Jahrzehnten."

Aber was heißt das eigentlich: richtungweisend? In welche Richtung geht es denn? Ist Apfelwein mehr Trend oder mehr Tradition? Milder Apfelwein à la „Big Äppler", ein Apfelweinmixgetränk in der 0,33-Liter-Longneckflasche, oder kerniger Schoppen in der typischen braunen 1-Liter-Flasche? Klare Antwort: „Beides. Mit innovativen Produkten müssen wir dafür sorgen, dass die jungen Konsumenten Apfelwein mögen und dann auf die Klassiker umsteigen. Den Geschmack für traditionellen Apfelwein muss man erst entwickeln. Viele Apfelweintrinker kommen über den milden Apfelwein dann zum traditionellen, etwas herberen", sagt Henke. „Nur auf diesem Wege können wir unsere Apfelweinkultur erhalten. Und das ist unsere Pflicht als großer Apfelweinhersteller." Diese Kultur lebt auch durch ihre Vielfalt, durch die

Vielzahl verschiedener sortenreiner Apfelweine und Schaumweine, die sich in den letzten Jahren herausgebildet hat.

Martin Henke beobachtet die Entwicklungen bei den kleinen Keltereien in Hessen mit Interesse. „Für die ist das eine tolle Möglichkeit, sich zu positionieren. Da gibt es bei einigen ja sehr gute Sachen, und für Konsumenten ist es toll, zu probieren, wie eigentlich ein Bohnapfel schmeckt, wenn man ihn sortenrein ausbaut", sagt er. Aber Martin Henke zieht auch eine klare Grenze: „Für uns kommt es nicht in Frage, einen sortenreinen Apfelwein zu machen. Denn den Charakter des Apfelweins macht die Mischung der vielen Mostsorten aus. Die erste Sorte gibt dem Wein Säure, die zweite Körper und die dritte den Geschmack und vielleicht eine besondere Duftnote." Wenn auch sortenreine Apfelweine nicht ins Konzept passen: Eine Spezialität leistet sich die Kelterei dennoch. Den Apfelschaumwein ‚1881', der mit seinem Namen an das Jahr erinnert, in dem Ahn Philipp Possmann den Betrieb offiziell aufgenommen hat. Wenn zur Erntezeit die Äpfel angeliefert werden, liegen im Apfelsilo alle gängigen Streuobstsorten durcheinander. Faule Äpfel werden vorher aussortiert, Birnen ebenfalls. Nach Sortieranlage, Wasserbad, Mühle und Presse wird der Saft unter Verwendung moderner Technik weiterverarbeitet. Ein Teil wird für die Saftverarbeitung konzentriert, ein anderer Teil wird als Direktsaft in Flaschen gefüllt, der dritte wird zu Apfelwein verarbeitet. Diesem dritten Teil des Saftes wird eine Reinzuchthefe beigemischt, die den Fruchtzucker innerhalb von vier bis sechs Wochen zu Alkohol umwandelt. Die Richtung, in die der Wein sich entwickelt, ist übrigens maßgeblich von der Wahl der Reinzuchthefe abhängig. Mit ihr hat man eine entscheidende Möglichkeit, den Geschmack

des Apfelweines zu beeinflussen. Der Wein lagert anschließend in Edelstahltanks im Keller. Dieser ist so groß und weitläufig, dass sich ein Besucher hoffnungslos darin verirren kann.

Die Marke „Possmann" verpflichtet zu einem typischen, wiedererkennbaren Geschmack, ähnlich anderen Markengetränken, die nicht einmal so, dann wieder so schmecken dürfen. Martin Henkes Aufgabe ist es daher, die Apfelweine so zu verschneiden, dass in der Flasche immer der gleiche Geschmack ist. „Wir haben im Keller rund 150 Tanks mit Apfelwein. Wenn die Saison vorbei ist, sind diese auch alle gefüllt. Ich habe dann 150-mal einen anderen Geschmack", sagt er. Immer sechs bis zehn Fassabzüge werden entsprechend Trübung, Geruch und Geschmack so gemischt, dass die charakteristischen Apfelweine entstehen. Zusätzlich orientiert sich Martin Henke auch an Werten wie Alkohol, Extrakt und Säure, „aber im Grunde ist das eine sensorische Sache". Keine zusätzlichen Hilfsmittel? Proben aus vergangenen Füllungen, die zur Orientierung herangezogen werden könnten? „Das brauche ich alles nicht", antwortet Martin Henke. „Das ist mein rein persönliches Geschmacksempfinden. Ich habe viele sensorische Prüfungen abgelegt und Scheine gemacht: Dreiecksprüfung, Rangordnungsprüfung, Farbprüfung. Man muss jahrelang trainieren. Ich probiere aber auch jeden Tag. Wenn ich durch unseren Keller gehe, dann probiere ich." Henke hat bei Possmann „alle Stufen des Betriebes durchlaufen". Vom Kellerarbeiter hat er sich zum Kellereimeister hochgearbeitet. Heute ist er als Technischer Leiter verantwortlich für alle produktionsbezogenen Belange, unter anderem auch für Produktneuentwicklung und Qualitätskontrolle. Mit der nimmt er es entsprechend ernst, denn er weiß, dass die Kelterei ein hohes Renommee und einen Ruf zu verlieren hat. Durch regelmäßige Kontrolle soll eine konstant hohe Weinqualität gewährleistet werden. Und die ist er nicht nur den Kunden schuldig, denn „was im Regal der Supermärkte und Getränkeläden angeboten wird, steht nun mal im Blickfeld der Lebensmittelkontrolleure", weiß Henke, „da ist der Geschmack dann ganz klar definiert". Natürlich kennt auch er die Diskussionen über den einzig wahren Apfelweingeschmack und die tief sitzende Abneigung vieler Konsumenten gegen Apfelwein von Großherstellern. Über die Ursachen kann er nur spekulieren: „Früher hat der Apfelwein in sehr vielen Wirtschaften nach Essig und Sauerkraut geschmeckt. Die Leute meinten, dass der Essigstich zum Geschmacksbild des Apfelweins gehört. Für mich muss Apfelwein reintönig sein und nach Apfel schmecken. Sonst nichts. Essigstich, Sauerkraut- und andere Fehltöne haben darin nichts verloren."

kelterei possmann

Frankfurter Apfelwein

Analyse

vorhandener Alkohol	%vol 6,0
Gesamtsäure	g/l 4,2
Gesamtphenole	mg/l 359

Sensorik

Farbe	eher goldenes Gelb
Geruch	leichte Apfelaromen
Geschmack	mild und harmonisch, trocken.

Kelterei Possmann
Eschborner Landstraße 156-162
60489 Frankfurt am Main
Telefon: 069 789904-0
www.possmann.de

obsthof schneider
Apfelweine für Feinschmecker.
Ein Obstbauer leistet Pionierarbeit mit sortenreinen Apfelweinen.

*Do-it-yourself-Kelterer mit Feinschmecker-Weihen: **Andreas Schneider** ist Quereinsteiger mit ungebremster Freude am Experiment.*

„Jetzt dürft ihr dem Herrgott danken, dass er diese Äpfel geboren hat." Andreas Schneider steht im Lager zwischen seinen Tanks und ist sichtlich zufrieden. Nach einer vierwöchigen Apfelweinpause probiert er sich durch die 2007er Ernte. Was er da im Glas schwenkt, ist dickflüssiger als ein herkömmlicher Apfelwein und hat eine kräftige, dunkle Farbe: Goldparmäne mit Speierling. Die Süße der Äpfel findet im gerbstoffigen Speierling einen interessanten geschmacklichen Gegenpol. Das ist fast flüssige Marmelade. Die nächste Probe ist noch spezieller: „Wildlinge auf Löss", Wildäpfel von Bäumen also, die auf Lösslehmboden stehen. Die hohen Zuckerwerte der sehr spät geernteten Äpfel bringen Karamellnoten in diesen Wein und damit eine völlig neue Geschmackswelt. „Wenn der noch ein bisschen reift, kommen da noch Zimtaromen dazu, Vanille, vielleicht später noch ein Hauch Lorbeer und Wacholder", mutmaßt der Kelterer und überschreitet damit mal eben um Längen die Grenzen der gängigen Apfelweinbeschreibung. Durchschnittliche Apfelweinkonsumenten reagieren mit Verunsicherung, und ins DLG-Verkostungsschema für Apfelwein passt so eine Aromenbestimmung auch nicht hinein. Apfelweine verkosten, als wären es Traubenweine – ergibt das denn Sinn? Der Kelterer hat darauf eine ganz eigene Antwort: „Warum soll ich denn eine Grenze ziehen zwischen weißem Wein aus Trauben und weißem Wein aus Äpfeln? Beides ist doch Wein, beides ist vergorener Fruchtzucker."

Den Obsthof am Steinberg führt Andreas Schneider seit 1993. Als er den Betrieb von seinen Eltern übernahm, gestaltete er ihn Schritt für Schritt nach ökologischen Gesichtspunkten um. Mit der Apfelweinproduktion fing er aus „persönlichem Interesse am Stöffche" an. 2002 überreichte die damals zuständige Bundesministerin dem gelernten Obstbauern den „Förderpreis Ökologischer Landbau". Auf insgesamt 13 Hektar Land werden 10 Obstarten und 120 Obstsorten angebaut. Uns interessieren nur die Äpfel. Rund 50 Sorten stehen bei Andreas Schneider am Steinberg, sehr alte wie auch ganz neue: Muskatrenetten, Roter Eiserapfel, Ananasrenetten, Zuccalmagliorenetten, Kanadarenetten, Korbiniansapfel, Jonagold, Goldparmäne, Rote Sternrenette oder Elstar sind nur einige Beispiele. Der Geschmack dieser in besonderer Pflege angebauten Äpfel ist mit dem marktüblichen nicht zu vergleichen. Auch Tafeläpfel vergärt Andreas Schneider. Die Ergebnisse haben weniger Säure als die Apfelweine aus reinen Mostäpfeln und schmecken alles in allem etwas flacher, sind aber gut trinkbar und für einen Stöffche-Einsteiger zu empfehlen.

Sieht idyllischer aus, als es ist: Im Herbst werden auf den eigenen Streuobstwiesen die Äpfel vom Boden aufgesammelt.

Auf dem Obsthof werden pro Jahr 25.000 bis 35.000 Liter Saft gepresst. Für dieses Volumen müssen Äpfel zugekauft werden, die eigene Ernte reicht hierfür nicht jedes Jahr aus. Seine Lieferanten kennt Andreas Schneider seit Jahren und er sorgt selbst für eine gleichbleibend hohe Qualität: „Es rentiert sich, dass ich seit Jahren extrem hohe Preise zahle. Die Lieferanten bringen Äpfel von bester Qualität zu mir und nicht zur Konkurrenz." Einer der treuesten Zulieferer ist eine Familie aus dem Spessartdörfchen Mönchberg. Die Apfelbäume tragen die typischen Keltersorten und wachsen auf Vulkangestein, einem Boden, den der Kelterer verantwortlich macht für die besondere Würze des Mönchberg-Apfelweins: „Der verursacht diese besondere, mineralische Note. Die habe ich bei kaum einem anderen Apfelwein so stark wie bei diesem. Den Begriff ‚mineralisch' kennt man ja eher vom Traubenwein. Aber ein Apfel wurzelt ja genauso im Boden wie die Traube und nimmt genauso Mineralien aus dem Boden auf." Sind die Äpfel gepresst, kommt der Saft in die Tanks und verbringt die nächsten Monate im Lager. Die Vergärung verläuft langsam und spontan, ohne Zusatz von Reinzuchthefen. Im Winter 2007/2008 lagerten etwa 50 unterschiedliche, teilweise sortenreine Apfelweine auf dem Obsthof, manche in kleinen Gebinden mit einem Fassungsvermögen von nur 100 bis 500 Litern, wie zum Beispiel Graurenette, Goldparmäne oder Kaiser Wilhelm.

Verläuft alles wie geplant – und Schneider weiß genau, wann der richtige Zeitpunkt erreicht ist – werden seine Schätze in Flaschen gefüllt und an die mittlerweile große Schar von Liebhabern verkauft. Wenn er sich davon trennen kann, was nicht immer der Fall ist. Wirtschaftlich mag die Erzeugung manch einer Spezialität, von der nur 100

Liter hergestellt werden, nahe an der Unerheblichkeit liegen. Der Experimentierfreude des unkonventionellen Kelterers tut dies keinen Abbruch, im Gegenteil. Er scheint sich Stück für Stück und Stufe um Stufe weiterzuentwickeln. Ob er denn eine bestimmte Geschmacksrichtung der Weine wünscht oder ein klares Ziel anstrebt? „Oh nein! Die sollen sich ausleben, möglichst viel selbst entscheiden und etwas Individuelles werden", sagt er. Das klingt komisch, ist aber ernst gemeint. Denn wenn Andreas Schneider von seinen Apfelweinen spricht, liegt der Eindruck nahe, er spräche von seinen Kindern. Viele Kelterer sehen ihren eigentlichen Arbeitsplatz im Keller und sie beginnen ihre Arbeit oftmals mit der Annahme der gelieferten Äpfel. Auf dem Obsthof am Steinberg beginnt die Produktion des Apfelweins bereits auf der Wiese. Sortenwahl, Schnitt- und Pflegemaßnahmen werden auf den Boden und das Klima abgestimmt. Die Grünlese etwa, das Herausschneiden überzähliger Früchte, hat sich Andreas Schneider von Winzern abgeguckt. Zucker und Aroma verteilen sich dadurch besser auf die übrig gebliebenen Äpfel. Durch diese ‚Ertragsregulierung' verbessert er die Qualität seines Apfelweins. Diese Kombination von Obstanbau und Apfelweinproduktion ist in Hessen selten. Andreas Schneider hat damit seine Nische in der Branche gefunden. Und an der mag er vor allem die Produktvielfalt: „Hessen ist das einzige Land, in dem aus dem Apfel so viele verschiedene Sachen gemacht werden. Die Kanadier machen daraus nur Eiswein, die Franzosen kennen nur Cidre und Calvados, in England gibt es Cider und in Nordamerika Sparkling Wine vom Apfel. Wir machen alles. Wir haben in diesem kleinen Land so viele Produkte aus dem Apfel, das ist doch fantastisch!"

Linke Seite:
Was ist wohl das Allerschönste? Das Blütenmeer, die reifen Äpfel am Baum oder der erste Schluck vom neuen Apfelwein?

obsthof schneider

Hausschoppen 2006

Analyse

vorhandener Alkohol	%vol 6,1
Gesamtsäure	g/l 6,8
Gesamtphenole	mg/l 970

Sensorik

Farbe	kräftiges Gelb, leichte Trübung
Geruch	Apfel, Melone.
Geschmack	leicht hefig, milde Aromen, schöne Säure.

Obsthof am Steinberg

Am Steinberg 24
60437 Frankfurt am Main

Telefon: 06101 41522

www.obsthof-am-steinberg.de

jürgen schuch

Wie der Apfel sich einen Wirt suchte.
Im Restaurant von Jürgen Schuch dreht sich alles um den Apfel.

Suchte ein Konzept und fand den Apfel. Trotz geringer Mengen ist Jürgen Schuch heute einer der wichtigsten Vertreter einer neuen Hessischen Apfelweinkultur.

Bei „Schuch´s Restaurant" ist nicht genau zu klären, wer wen gerettet hat: Jürgen Schuch den eigenen Apfelwein oder der eigene Apfelwein ihn. Als er Mitte der 1980er Jahre die Gaststätte seiner Eltern übernahm, hatte er „den unsäglichen Anspruch, es allen recht machen zu wollen. Das ging natürlich nicht auf Dauer gut", berichtet er. Das Lokal lief unter der Führung des Junggastronomen zwar gut, so richtig zufrieden war er aber nicht. Ein Konzept musste her, eines, das nicht nur zum Patron, sondern auch zum Restaurant und in die Region passt. Am Ende einer langen Suche nach dem richtigen Rahmen für seine gastronomischen Ambitionen fand Jürgen Schuch den Apfel. Oder genauer: Der Apfel fand ihn. Denn Jürgen Schuch sagt: „Ich habe mir nicht den Apfel ausgesucht, der Apfel hat sich mich ausgesucht." Das klingt nicht nur leicht esoterisch angehaucht, es passt auch ein bisschen zu Schuchs Vorliebe für Tai-Chi, Fünf-Elemente-Ernährung und fernöstliche Philosophie. Aber egal, wer sich da wen ausgesucht hat: Jürgen Schuch wandelte sich vom konzeptlosen Wirt in einer Praunheimer Gaststätte zum erfolgreichen Gastronomen in einem regional renommierten Restaurant, in dem jeder irgendwann einmal zu Gast ist, der sich für gute, regionale (Apfel-)Küche interessiert – und natürlich dazu einen der selbst gekelterten Apfelweine des Hausherrn trinken möchte.

Rund 8.000 Liter stellt Jürgen Schuch jedes Jahr her – einen Streuobstschoppen, sortenreine Weine von der Goldparmäne, dem Boskoop oder dem Bohnapfel und außerdem Apfelweine, die mit Speierling, Schlehe, Mispel oder Quitte zusätzlich aromatisiert werden. „Die Mispel macht den Apfelwein etwas milder, das ist dann ein guter Einstiegsschoppen für Neulinge. Andere Gäste mögen gerne das ‚Zitronige' im Quittenapfelwein, unser Boskoop dagegen hat eine gewisse Restsüße." Das ergibt eine schöne, geschmackliche Palette, die nicht überall zu finden ist. Aber wer sich Apfelgastronom nennt, darf beim Apfelwein natürlich nicht haltmachen. In „Schuch's Restaurant" gehören Apfelessig, verschiedene Apfelsherrys, Apfeltiramisu und Apfeleis genauso ins Küchenkonzept wie „Kalbfleisch mit Quittenapfelkruste" oder „Lamm in Apfelsenfkruste".

Die Äpfel für den Hausschoppen kommen von der eigenen Obstwiese, auf der etwa 50 Bäume stehen. Das Obst für die sortenreinen Apfelweine lässt sich Jürgen Schuch liefern. Alles, was nach der Anlieferung passiert, entzieht sich dem Einfluss

Dritter und ist für ihn Chefsache: „An die Produktion lasse ich niemanden ran. Außer zum Äpfelreinkippen und zum Tresterabholen. Der Saft, der da rausläuft, ist ganz allein meine Sache. Das ist mir sehr wichtig." Gekeltert wird an einer Packpresse, die nicht viel kleiner sein könnte. Für die Mengen, die Jürgen Schuch in seinem Restaurant umsetzt, ist sie völlig ausreichend. „Damit kann ich auch kleine Mengen von nur einer Sorte machen. Wenn ich also mal 100 Kilo von einer Rarität bekomme, kann ich die darin getrennt pressen", erklärt er einen entscheidenden Vorteil der Packpresse. Außerdem könnten die Privatgärtner aus der Gegend ihre Kleinsternten vorbeibringen und den Saft der eigenen Äpfel wieder mit nach Hause nehmen.

Zur Ernte- und Kelterzeit können die Gäste tagsüber das Treiben an der Kelter verfolgen. Die Presse steht im Eingangsbereich des Restaurants; wer möchte, kann zusehen, wie der Chef keltert. Aus der Presse fließt der Saft in die Tanks im Keller. Und auch dorthin kann der Interessierte einen Blick werfen – ohne hinuntersteigen zu müssen. Ein in den Boden eingelassenes Glasfenster gestattet einen Blick auf die Edelstahltanks, in denen der Apfelwein über den Winter reift. Für seinen Apfelwein verlangt Jürgen Schuch ein bisschen mehr als andere Apfelweinwirte und erklärt das mit der Qualität: „Der Hausschoppen kostet bei uns 1,70 Euro, der Boskoop 2,40 Euro. Viele Kollegen genieren sich, die Preise so hoch anzusetzen, wie sie eigentlich müssten. Aber weil unsere Sachen geschmacklich top sind, hat sich auch noch kein Gast beschwert."

jürgen schuch

Boskoop mit Speierling 2006

Analyse

vorhandener Alkohol	%vol 8,5
Gesamtsäure	g/l 4,3
Gesamtphenole	mg/l 481

Sensorik

Farbe	helles Gelb
Geruch	leichte Hefenote
Geschmack	feine Apfelaromen, leicht nussig, angenehm adstringierend.

Schuchs Restaurant
Alt Praunheim 11
60488 Frankfurt am Main
Telefon: 069 761005
www.schuchs-restaurant.de

jörg stier

Das Gedächtnis des Apfelweins.
Ein Kelterer pflegt Europäische Apfelweintraditionen.

Keltert sich durch die Geschichte und durch die Regionen Europas und sorgt mit seinen Produkten für viel Abwechslung im Hessischen Apfelwein: Jörg Stier.

Jörg Stier ist nach eigenem Bekunden ein Apfelweinverrückter. Ein leidenschaftlicher Verfechter der Vielfalt und Bewahrer von Traditionen. Wenn es um den Apfelwein geht, kennt der Mann kein Halten. Fängt er einmal an, davon zu schwärmen, ist er nur noch schwer zu bremsen: „Apfelwein ist ein herausragender Teil unserer Kultur. Er ist für Hessen absolut charakteristisch, spielt aber auch in anderen Regionen Europas und der Welt eine besondere Rolle. Es haben sich ganz tolle regionale Eigenheiten erhalten, etwa die Tasse in der Bretagne oder Bembel, Deckel und Geripptes bei uns. Im Apfelwein spiegelt sich die Vielfalt, die Europa zu bieten hat."

Als einem Verfechter dieser Vielfalt sind Stier die traditionellen Herstellungsmethoden nicht nur der alten Hessen, sondern auch der Franzosen, Spanier und Nordamerikaner etwa Vorbild und Anregung für eigene Produktideen, die er in seiner Maintaler Kelterei umsetzt. Normannischer Cidre „nach Bischemer Art", asturischer Sidra oder nordamerikanischer Red Cider: Jörg Stier verwendet unterschiedliche Produktionsmethoden, um seine ganz eigenen Apfelweinspezialitäten zu entwickeln. Als Rohstoff dienen ihm dazu Äpfel von Wiesen zwischen Büdingen und Würzburg, besonders wichtig sind ihm allerdings die Keltersorten von Streuobstwiesen rund um Maintal.

Wem französischer Cidre, spanischer Sidra und amerikanischer Cider zu weit weg vom typischen hessischen Apfelwein sind, für den hat Jörg Stier zahlreiche heimische Varianten im Angebot: den Echten Speierling-Apfelwein, den ‚Hessen-à-la-carte-Schoppen', den Speierling-Apfelwein oder etwa den nur aus Bohnäpfeln gekelterten ‚Krawallschoppen'. Einen Teil seiner Apfelweine, den Hausschoppen, den Bischemer Speierling und den Stier-Apfelwein nämlich, keltert Jörg Stier nach „althessischer Landesart", also ganz bewusst ohne die Verwendung von Reinzuchthefen. Der herbe Ton und die teilweise recht starke, prägende Säure dieser Schoppen sind hier charakteristisch. Dass er mit der eingeschlagenen Geschmacksrichtung dieser Produkte nicht nur auf Gegenliebe stößt, ist ihm durchaus bewusst: „Diese Art der Apfelweinbereitung wird heute von vielen abgelehnt. Ich finde das sehr schade, weil dieser typische Nachhall einfach zu unserer Kultur gehört. Da läuft einem doch das Wasser im Mund zusammen und es verlangt einen sofort nach Schlachterwurst, Handkäs, Haspel und Leiterchen. Aber zum Beispiel die Weinfachleute

der Forschungsanstalt in Geisenheim lehnen diese Geschmacksrichtung im Apfelwein strikt ab", sagt er. So ist es auch nicht verwunderlich, dass die Stier'schen Apfelweine ohne Reinzuchthefen bei der Verkostung wie auch der chemischen Analyse aus dem Raster fallen und bei einigen Werten regelrecht anecken. Ob dies nun als charakteristische Eigenheit oder als Weinfehler zu werten ist, kann an dieser Stelle nicht beantwortet werden. Eine Alleinstellung haben sie dadurch allemal. Zudem sind es nicht wenige, für die diese Ausprägung das Apfelweinideal ist. Andere Produkte, etwa der Echte Speierling-Apfelwein und der Hanauer Apfelwein, bekommen eine adäquate Dosis Reinzuchthefe in den Tank, was zu durchaus ausgewogenen Geschmacksbildern führt.

Was Jörg Stier darüber hinaus einige Bekanntheit eingebracht hat, ist seine Arbeit mit Speierling, Eberesche, Quitte, Mispel und Schlehe. Der Speierling ist vielen aus der Apfelweinbereitung vertraut, die Verwendung der übrigen Früchte ist heute nur noch Eingeweihten bekannt. Mit dieser Arbeit bezieht Stier sich auf eine alte Tradition in der Apfelweinherstellung. „Durch die Zugabe der gerbstoffhaltigen Früchte hat man die Apfelweine haltbarer gemacht", erklärt er. Welche der Früchte verwendet wurden, hing davon ab, welche Frucht in der jeweiligen Region besonders häufig vorkam. So wurde in der Wetterau hauptsächlich die Quitte verarbeitet, in Maintal-Bischofsheim die Schlehe. Um Bergen-Enkheim herum nutzte man Mispeln, in Maintal-Hochstadt wie auch in einigen Taunusgemeinden wurde dem Apfelwein traditionell Speierling beigemischt. Da die Zugabe der verschiedenen Früchte erhebliche Unterschiede im Geschmack des Apfelweins hervorruft, sei es früher ganz normal gewesen, in verschiedenen Wirtschaften

Linke Seite: Streuobstwiese mit Skylineblick. Die alten Hochstämme liefern das Obst für Jörg Stiers Spezialitäten.

Rechte Seite: Jörg Stier löste mit seinen Produkten Ende der 80er Jahre eine Apfelschaumwein-Renaissance aus. Heute ist das Getränk ein wichtiger Bestandteil der Hessischen Kelterszene.

im Umkreis von 25 Kilometern jeweils ganz eigene, für den Ort charakteristische Apfelweine zu trinken. „Das haben wir heute leider nicht mehr", bedauert der Keltermeister. „Heute gibt es meist nur noch den Standardapfelwein vom Fass." Es ist interessant, die Unterschiede zu schmecken, die durch die verschiedenen Beimischungen entstehen. Macht der Speierling einen glanzklaren, goldgelben Apfelwein, der den typischen, adstringierenden Ton aufweist, sorgt die Schlehe für einen spritzigen, frischen Geschmack mit feiner Säure. Beim Quittenapfelwein fallen als Erstes seine Trübung und die ungewöhnliche, kräftig gelbe Färbung auf. Bemerkenswert ist auch die geschmacksprägende, zitronige Säure, die sie verursacht. Die Mispel sorgt für ein mildes Stöffche und die Eberesche ist mit dem animalischen, sehr gerbigen Zug, den sie dem Apfelwein mitgibt, eher etwas für fortgeschrittene Apfelweintrinker. Ohne Zweifel: Zur Vielfalt im hessischen Apfelwein trägt Jörg Stier mit seinen traditionellen Spezialitäten einiges bei.

*Links oben:
Wer dem Keltermeister etwas Gutes tun will, bringt ihm aus dem Urlaub Apfelwein mit. Das Spektrum der Exponate reicht vom Konventionellen (Cidre aus der Normandie) bis ins Schrille (pazifikblauer „Blue Hawaiian Applewine").*

jörg stier

Hanauer Krawallschoppen

Analyse

vorhandener Alkohol	%vol 6,1
Gesamtsäure	g/l 5,2
Gesamtphenole	mg/l 480

Sensorik

Farbe	goldenes Gelb
Geruch	-
Geschmack	leicht gerbstoffig, kräftig, prägende Säure, sehr trocken.

Kelterei Jörg Stier

Am Kreuzstein 25
63477 Maintal-Bischofsheim

Telefon: 06109 65099

www.kelterei-stier.de

zu den 3 steubern

Sachsenhausens letztes Original.
Hier bestellt man besser keinen „Äppler".

Ein Urgestein des Apfelweins: **Wolfgang Wagner** *leitet eine der traditionellsten Gaststätten Frankfurts.*

„Als ich das Geschäft 1954 übernommen habe, da hatte ich hier Leute sitzen, von denen hat jeder jeden Tag mehr als 35 Schoppen getrunken. Die haben Karten gespielt, sind am Abend heim und waren noch nicht mal voll. Unglaublich, welche Mengen Äpfelwein die weggemacht haben. Aber die haben gewusst, worum es geht."

Wenn sich Wolfgang Wagner an die gute, alte Zeit in seiner Apfelweinwirtschaft „Zu den 3 Steubern" erinnert, dann schwingt ein bisschen Wehmut mit. Auch wenn der Wirt immer noch eine treue Stammkundschaft hat, früher war einfach mehr los. Die Kopfschlächter vom Schlachthof, die Straßenhändler, der „Zementfritz", von dem es heißt, er habe auf Baustellen Zementsäcke „gesammelt", diese verkauft und davon (sogar nicht mal schlecht) gelebt, der „Rote Heiner", der Christbauer, dessen Rekord von 42 Schoppen, den er irgendwann Ende der 1950er Jahre aufgestellt hat, heute noch ungebrochen ist – Wolfgang Wagner, assistiert von Heini Hinnerkopp, Freund, Gastwirtskollege und Küfermeister, erzählt von früher, und es entsteht ein ganzes, großes Panoptikum derer, die das Apfelweinmilieu Altsachsenhausens prägten. „Die haben sich schlicht und einfach den Hals vollgesoffen, dann war Ruh. Dann sind sie heimgedotzelt, und am nächsten Tag ging es wieder von vorne los, das war deren Leben. Und die sind alle miteinander nicht jung gestorben", erinnert sich Wolfgang Wagner. „Aber die Typen gibt es nicht mehr. Die Zeiten sind rum. Wenn heute einer zehn Schoppen trinkt, ist es viel." Die „3 Steuber" sind in Würde gealtert.

Heute läuft der Betrieb gemächlich vor sich hin, am Wochenende ist das Lokal sowieso geschlossen, Messegäste und Touristen verirren sich nur selten hierher. Und wenn sie es dann doch einmal tun und einen Süßgespritzten oder gar einen „Äppler" bestellen, dann ahnt der Wirt, dass seine Zeit eigentlich schon vorüber ist. „Da stellen sich mir die Haare auf", grantelt er. „Wenn einer sagt, er will einen Äppler, sag ich: So was kann ich Ihnen nicht verkaufen. Ich kann Ihnen sagen, was wir als Buben als Äppler bezeichnet haben: Wenn wir den Mädchen an die Brust gelangt haben, dann haben wir gewusst, was Äppler sind." Das ist wohl der Charme Altsachsenhausens: Ein bisschen ruppig, ein bisschen kauzig, aber im Grunde liebenswert.

Das Apfelweinmachen hat Wolfgang Wagner als Bub von seinem Opa gelernt. Der hat ihm auch beigebracht, sauber zu arbeiten. Wolfgang Wagner erinnert sich: „In der Kelterzeit ist mein Großvater jeden Abend, wenn wir Feierabend machen wollten, zu uns in den Keller gekommen. Wir mussten ihm einen alten Sack auf den Boden legen, auf den er sich gekniet hat. Er hat ganz genau kontrolliert, ob wir auch ordentlich sauber gemacht haben. Dann hat er gesagt: Das könnt ihr grad noch mal machen. Besser, ihr gewöhnt es euch gleich richtig an." Das war zu einer Zeit, als in Sachsenhäuser Apfelweinwirtschaften ganz selbstverständlich selbst gekeltert wurde. Heini Hinnerkopp schwärmt von der besonderen Atmosphäre, die das erzeugt hat: „Früher gehörte das zum Renommee. Im Herbst, in Sachsenhausen, da duftete alles nach Äpfelwein. Das werde ich nie vergessen." Und heute? Heute kann man im Stadtteil die Keltereien an zwei Fingern abzählen, die ihren eigenen Apfelwein herstellen. Aber mit Traditionsvergessenheit habe das nichts zu tun, meint der Küfermeister: „Das liegt zu einem großen Teil an den Verkehrsverhältnissen. Früher sind die Äpfel mit Holzfuhrwerken gekommen, auch mit kleinen Lastwagen. Heute kommen die im 30-Tonner-Sattelzug. Fahren Sie mal hier in der Klappergass oder in der Rittergasse mit einem 30-Tonner-Sattelzug, das geht nicht. Oder in der Textorstraße, da fährt die Trambahn. Wenn da so ein Lkw auf der Straße steht oder rangiert, steht erst mal alles. Da kommt kein Verkehr vorbei."

Und so sind Wolfgang Wagners „3 Steuber" heute so etwas wie ein Museumsbetrieb. Ein Lokal wie anno Tobak, Gäste, wie sie für ein althergebrachtes Apfelweinlokal gar nicht typischer sein könnten, ausschließlich Gerichte aus dem Topf (Sauerkraut, Rippchen, verschiedene Würste), Soleier auf dem Tresen und ein Apfelwein, der so schmeckt, wie man ihn hier erwartet. Hat der Wirt ein neues, volles Fass in Arbeit, schmeckt der Apfelwein frisch und fruchtig – aber immer etwas herber und strammer als in den Lokalen drumherum. Wenn das Fass dann

schon etwas länger in Arbeit ist und Sauerstoff den Apfelwein oxidiert hat, dann mischt sich zunehmend Säure in den Geschmack. Der eine nimmt es hin, sieht darin den Lauf der Welt und lobt, dass hier alles so echt, so wie früher ist (auch wenn er sich möglicherweise insgeheim wünscht, es möge bald ein frischer, voller Tank angebrochen werden), der andere schimpft über unangemessene Lagerung. An so einem Apfelwein scheiden sich die Geister. Was für den einen ein erstklassiger, charakteristischer Apfelwein mit Frankfurter Ton ist, ist für den anderen kurz und bündig zu sauer. Wenn Wolfgang Wagner im Oktober keltert, sperrt er sein Lokal zu. Tagsüber Äpfel pressen und am Abend hinterm Tresen Apfelwein ausschenken, das kommt für den Mittachtziger verständlicherweise nicht mehr infrage. Das Lokal bleibt dann für die Kelterzeit geschlossen. Die Rollläden an den Fenstern und der Tür sind heruntergelassen. Ein mit Kreide auf die versperrte Tür geschriebener Satz verkündet dem Durstigen, wann er wieder „beim Wolfgang" einkehren kann: „Am soundsovielten werd widder gezappt". Die Kunden nehmen es gern hin und warten geduldig. Wenn sie nicht auch gerade mit beiden Händen voll in der Kelterarbeit stecken. Denn eine kleine, aber treue Schar von Stammkunden verdingt Wolfgang Wagner jedes Jahr wieder als Keltergehilfen. „Wenn die wollen, dass ich den Laden weitermache", sagt er, „dann müssen sie mir auch dabei helfen." Wenn die Schwingtür dann wieder aufgesperrt ist, wird Wiedersehen gefeiert.

Egal, ob man Wirtschaften wie „Zu den 3 Steubern" mag oder nicht: Auf jeden Fall sind sie etwas Besonderes. Lokale wie dieses wird es nicht mehr lange geben, meist verschwinden sie mit den Wirten.

Um die Atmosphäre zu beschreiben, die an einem gewöhnlichen Abend in Wolfgang Wagners Lokal herrscht, bemüht Heini Hinnerkopp eine der tradierten Apfelweinweisheiten: „Keinen Platz am Tisch? Des gibt's beim Äppelwoi nicht. Wer ins Lokal kommt, findet einen Platz. ‚Auf, rick emol e Stick, bei euch ist doch noch Platz!' Da sitzt der Kerschelbauer beim Generaldirektor, da kommt man ins Gespräch. Da wird en Schoppe getrunke, und schon stecke die Leut die Köpp zusammen und erzählen drauflos." Ein altgedientes Klischee, aber hier trifft es noch zu.

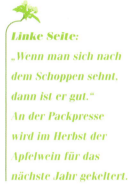

Linke Seite:
„Wenn man sich nach dem Schoppen sehnt, dann ist er gut."
An der Packpresse wird im Herbst der Apfelwein für das nächste Jahr gekeltert.

zu den 3 steubern

Hausschoppen

Analyse

vorhandener Alkohol	%vol 5,7
Gesamtsäure	g/l 5,9
Gesamtphenole	mg/l 812

Sensorik

Farbe	goldenes Gelb
Geruch	frisch, aromatisch
Geschmack	kräftige Säure, sehr trocken

Zu den 3 Steubern

Dreieichstraße 28
60594 Frankfurt am Main

Telefon: 069 622229

zur buchscheer

Apfelweinidyll am Stadtrand.
Wenig Experimente, viel Tradition.

Kelterer mit Leib und Seele. **Robert** *und* **Christian Theobald** *führen die Tradition Ihrer Vorfahren fort.*

Nähert man sich der „Buchscheer" Mitte Oktober, zur Kelterzeit, fällt als Erstes das Förderband auf, das von der Straße hoch über die Hecke in den Hof der Wirtschaft ragt und die Äpfel in den Hof transportiert. Aufgetürmt zu einem imposanten Berg liegen die verschiedenen Kelteräpfel – hier kommen sie aus dem Spessart – und beanspruchen den größten Teil der Gartenwirtschaft. Selbst wenn gekeltert wird, ist das Lokal geöffnet. Dadurch kann jeder Besucher den Weg des Saftes, vom Apfel direkt ins Fass, verfolgen. „Für unsere Gäste ist es schön, dabei zuzusehen, wie der Apfelwein gemacht wird, den sie hier dann später trinken können", sagt Christian Theobald.

Gemeinsam mit seinem Bruder Robert hat er das Traditionslokal 1993 übernommen. Bis auf jene zwölf Jahre, in denen es verpachtet war, befand sich das Lokal immer in Familienhand – seit 1876. „Und in all den Jahren stand hier nie ein Tankwagen vor der Tür", sagt Christian Theobald und meint damit, dass nie Apfelwein dazugekauft wurde. Er ist sichtlich stolz darauf. „Die Leute wissen und schätzen, dass wir im Gegensatz zu den meisten Apfelweinwirtschaften noch selbst keltern. Es geht ja auch darum, ein Verkaufsargument in den Händen zu haben." Hier am Frankfurter Stadtrand muss man den Gästen etwas bieten. Sonst fahren sie in die zentraleren Apfelweinviertel von Sachsenhausen oder Bornheim, nicht hierher. Wer in die Buchscheer geht, der weiß, was ihn erwartet. Die Küche ist nicht gehoben, aber gut und bodenständig. Sie ist regional ausgerichtet und bietet typische Frankfurter Spezialitäten wie Ochsenbrust, Grüne Soße, Handkäs, Rippchen mit Kraut.

Hochfliegende Ambitionen verfolgen Robert und Christian Theobald auch beim Apfelwein nicht. Einen einfachen, guten, süffigen Schoppen wollen die beiden Wirte an ihre Gäste ausschenken, nicht mehr, aber auch nicht weniger. Der Apfelwein, der in den Kellern der „Buchscheer" lagert und reift, hat ein ganz eigenes, frisches Profil. Er weist eine schöne Balance von Frucht und Säure auf. Um die Vergärung zu steuern und um dem Apfelwein in jedem Jahr einen einheitlichen Geschmack zu geben, könnten die Theobalds Reinzuchthefen verwenden. „Das halte ich nicht für notwendig", sagt Christian Theobald. „Man muss auf die Temperatur achten. Im Oktober ist es ja noch recht warm, da geht die Gärung von alleine los. Und die Äpfel müssen einen gewissen Zuckergehalt haben, unter 48 Grad Öchsle fangen wir nicht an zu keltern." Durch die spontane Gärung ergibt sich, was viele Gäste hier besonders schätzen: Nicht nur von Jahr zu Jahr, auch von Fass zu Fass entwickelt sich der Apfelwein ein bisschen anders.

Später am Abend wird hier getafelt, was die Küche hält. Die Galsträume der Buchscheer sind Ziel zahlreicher Ausflügler und Stammgäste.

Die Theobalds rechnen sich und ihre Gäste zum konservativen Segment des Apfelweinspektrums. Wer zum Apfelwein in die „Buchscheer" geht, will einen hausgekelterten Schoppen trinken und ursprüngliche Frankfurter Apfelweinatmosphäre erleben. Jahrgangscuvées, Schaumweine oder Sortenreines würden hier keinen nennenswerten Absatz finden. Der saisonal angebotene Holundergespritzte, für den Robert Theobald den benachbarten Holunderbaum erntet und einen Sirup aus den Beeren macht, mit dem (sowie einem Schluck Sprudel) der Apfelwein dann versehen wird, sowie die im Winter angebotene Apfelwein-Feuerzangenbowle sind die einzigen Abweichungen, die sich die „Buchscheer"-Wirte erlauben. Für echte Schoppentrinker sind solche Sachen nichts. „Aber die jüngeren Gäste und die Damen nehmen so was gern an", sagt Christian Theobald.

Und wie ist das mit Süßgespritztem? „Den gibt es bei uns nicht!" Der Wirt verzieht das Gesicht. „Wer unbedingt will, bekommt eine Flasche Limo, um sie in den Apfelwein zu kippen. Manche Kollegen schreiben so was auch noch auf die Karte! Bei Apfelweinwirtschaften missbillige ich das, bei Selbstkelterern sowieso. Das ist dasselbe, wie wenn ich bei einem Winzer Cola für meinen Rotwein bestelle. Der wäre sicher auch nicht begeistert." Einen anderen gastronomischen Weg einzuschlagen als den selbstkelternder Apfelweinwirte, kommt für die Brüder Theobald nicht infrage. Ein weiteres Speiserestaurant? „Davon gibt es nun wirklich genug. Wenn wir Zeit haben, noch ein paar andere Sachen anzubieten, ist es gut. Aber an erster Stelle steht der Apfelwein. Wenn ich mich mit meinen Aktivitäten zurücknehmen müsste, dann würde ich mich auf Handkäs und Apfelwein konzentrieren", sagt Christian Theobald.

Ein Apfelweinwirt vom Haaransatz bis zur Schuhsohle. Genauso wie sein Bruder.

Als das Haus 1876 erbaut wurde, war es bereits Gastwirtschaft mit eigener Kelterei. Aus den frühen Jahren der „Buchscheer" wurde den Buben Robert und Christian noch von der beinahe 100-jährigen Urgroßmutter erzählt. Morgens um 7.00 Uhr wurde die Wirtschaft aufgesperrt, die ersten Gäste – Fuhrleute und Handwerker zumeist, die ihre Morgenrast einlegten – wollten bewirtet werden. Um die Mittagszeit kamen dieselben Gäste dann wieder. Danach war die Tagesarbeit in der Gastwirtschaft zumeist schon getan. Am Wochenende diente die „Buchscheer" den Städtern als Ausflugslokal. Im gemütlichen Gastraum zeugt vieles von der langen Tradition des Hauses. Große Wandbilder des Frankfurter Malers Bernhard Marx zeigen historische Stadtansichten, auf alten Fotografien sind Fuhrleute und Kelterer bei der Arbeit zu sehen. Eine Zeichnung am Tresen illustriert die zunehmende Wertlosigkeit des Geldes im Jahr der Inflation 1923, als der Schoppepetzer astronomisch hohe Summen für ein Glas Apfelwein bezahlen musste – für den 21. November wird ein Preis von 200 Milliarden Mark ausgewiesen. Zu der Zeit gab es in Frankfurt zahllose Lokale, in denen hausgekelterter Apfelwein ausgeschenkt wurde. Allein im Stadtteil Sachsenhausen waren es 40.

Heute ist die „Buchscheer" eines der letzten Apfelweinlokale in Frankfurt, in denen die Wirte noch selbst keltern. Dort, wo es die Arbeit erleichtert und Arbeitsprozesse vereinfacht, bedienen sich Robert und Christian Theobald der modernen Technik, wie etwa einer Bandpresse, die die Brüder 2002 anschafften. Ansonsten vertrauen sie ihren handwerklichen Fähigkeiten und Erfahrungen bei der Apfelweinherstellung. Bislang sind sie damit gut gefahren und wenn auch weiterhin die richtigen Apfelsorten mit ausreichend Zucker, Säure und Gerbstoffen verfügbar sind, wird der Apfelwein in der „Buchscheer" auch in Zukunft ohne zusätzliche Hefen und andere Hilfsmittel gekeltert.

Linke Seite oben:
Der Brüder ganzer
Stolz: mit dem
Minibagger kann
man sich den
Apfeltransport ganz
schön erleichtern.

zur buchscheer

Lebenswasser 2006

Analyse

vorhandener Alkohol	%vol 6,3
Gesamtsäure	g/l 5,5
Gesamtphenole	mg/l 923

Sensorik

Farbe	tiefes Goldgelb
Geruch	kräftiges Fruchtaroma
Geschmack	fruchtig, herb, kräftige Gerbstoffe.

Zur Buchscheer
Schwarzsteinkautweg 17
60598 Frankfurt am Main
Telefon: 069 635121
www.buchscheer.com

dölpme
treusc
henbüc
tenger

im süden

kelterei dölp

Vom Hopfen zum Apfel.
Keltertradition im Odenwald.

Sichert mit seinem Betrieb die Apfelwein-Versorgung des hessischen Südens: Matthias Dölp, Kelterer in der fünften Generation.

Die kleinen gastronomischen Betriebe, die Apfelwein- und Kochkäswirtschaften des Odenwaldes sind die Domäne der Kelterei Dölp. Bis an die hessische Bergstraße, wo der Apfelwein eigentlich hinter Riesling, Grauburgunder und Portugieser ins zweite Glied rückt, liefern die Dölps ihr Sortiment. „Dort gibt es immer noch richtig viele kleine Apfelweinwirtschaften, in denen es sehr traditionell und gemütlich zugeht", sagt Matthias Dölp, der das Familienunternehmen in der fünften Generation leitet. Gegründet wurde es 1875 von Johannes Dölp als Gastwirtschaft, Küferei und Brauerei. Offensichtlich hatte der Mann ein Händchen für das Brauerhandwerk, denn bald fing er an, auch andere Gaststätten in und um Brensbach mit seinem Bier zu beliefern. Johannes' Sohn Jakob wandelte den Betrieb nach dem Ersten Weltkrieg in eine Apfelweinkelterei um, an Äpfel war zu der Zeit sicher leichter heranzukommen als an Hopfen, zumal im an Äpfeln reichen Odenwald. Mit der Zeit wuchsen Betrieb und Sortiment zu stattlicher Größe heran: Der Umzug auf ein größeres Betriebsgelände ist längst durchgeführt, neben Apfelwein und Apfelsaft werden in der Kelterei Dölp auch Brände und zahlreiche Fruchtsäfte hergestellt. „Und das ist auch nötig", sagt Dölp. „Heute muss man mehr als Apfelwein anbieten. Nur Apfelwein, wie zu Opas Zeiten, das geht heute einfach nicht mehr.

Zum einen ist die Konkurrenz auf dem kleinen Markt groß, dazu kommen noch die Discounter, die gab es früher nicht. Früher haben wir hier rund 75 Prozent Apfelwein verkauft. Heute sind es noch knapp 50 Prozent." Wird weniger Apfelwein getrunken, verschwinden auch die Keltereien einer Region. „Die Zeiten sind nicht gerade rosig", sagt Matthias Dölp. „Viele Keltereien haben zusperren müssen. Und viele von denen, die noch da sind, lassen in anderen Betrieben abfüllen. Die pressen zwar noch selbst, können aber nicht in einen neuen Füllautomaten oder Flaschenspüler investieren. Das ist auch kein Wunder, die Investitionen sind gewaltig. Bevor ich mich dazu entschließe, das Geld dafür auszugeben, muss ich mir schon sehr sicher sein, dass das Geld auch irgendwann wieder reinkommt." Eine Situation, die den Dölps keineswegs fremd ist. Ihren Apfelwein pressen und füllen sie nach wie vor selbst, für einen Teil des Fruchtsaftsortiments nimmt die Familie allerdings gern die Abfüllanlagen befreundeter Kollegen in Anspruch. Eine Praxis, die Vorteile für alle Beteiligten mit sich bringt.

Der Apfelwein der Dölps ist ein eher milder Typ. Das verlangten nicht nur die Kunden der Brensbacher Kelterei, das will auch Matthias Dölp selbst so: „Apfelwein darf einfach nicht zu sauer sein. Es gibt ja Leute, die das mögen, aber ich mag das nicht. Es

ist einfach keine gute Werbung für den Apfelwein, wenn sich einem alles zusammenzieht. Wer das einmal getrunken hat, hat die Nase danach voll davon." Obwohl Matthias Dölp seine Lehre als Industriemeister für Fruchtsaft- und Getränkeherstellung erfolgreich abgeschlossen hat, hat Vater Karl immer noch das Sagen, wenn es um das Herzstück der Kelterei geht. „Den Apfelwein macht mein Vater. Und ich bin heilfroh darum! So leichtsinnig werde ich nicht sein, auf seine Erfahrung zu verzichten. Er ist immer noch aktiv im Betrieb und geht durch den Keller, probiert alles und kennt seine Apfelweine in- und auswendig. Außerdem haben wir einen sehr ähnlichen Geschmack, da kommen wir immer ganz gut hin."

kelterei dölp

Odenwälder Apfelwein naturtrüb

Analyse

vorhandener Alkohol	%vol 5,5
Gesamtsäure	g/l 4,0
Gesamtphenole	mg/l 727

Sensorik

Farbe	helles Gelb, leichte Trübung.
Geruch	-
Geschmack	eher trocken, leicht schwefelig.

Kelterei Dölp
Otzbergstraße 16
64395 Brensbach/Odenwald

Telefon: 06161 413

www.kelterei-doelp.de

peter merkel

Apfelwein, wachgeküsst.
Der Annelsbacher Apfelweintag belebt die Branche.

Peter Merkel sorgt nicht nur für Apfelweinvielfalt im Odenwald, sondern auch dafür, dass die Branche sich einmal im Jahr an den runden Tisch setzt.

Einmal im Jahr ist Annelsbach im Odenwald der Nabel der hessischen Apfelweinwelt. Dann nämlich, wenn hier, in Peter und Carola Merkels „Gasthof Dornröschen", die Großen und Kleinen der Apfelweinbranche am Annelsbacher Apfelweintag aufeinandertreffen. Die Liste der Teilnehmer verzeichnet professionelle Kelterer, Gastronomen, die ihren eigenen Apfelwein ausschenken, und Privatleute, in deren Kellern jährlich ein paar Liter Apfelwein vergären. Auf dem Programm stehen Workshops, Vorträge und mitunter hitzige Diskussionen. Der einzig wahre Weg der Apfelweinbereitung, die unterschiedlichen Herstellungsmethoden, die Ausrichtung des Apfelweinimages: Kontroverse Themen gibt es genug. Abends, wenn die Verkostung der vielen mitgebrachten Apfelweinproben ansteht, bekommt die Veranstaltung dann einen Zug ins Gemütliche. War der Annelsbacher Apfelweintag am Anfang ein Forum der Kleinen und ganz Kleinen, die sich gegen die "Großen von der Industrie" abgrenzen wollten, wurde er immer mehr als gute Möglichkeit verstanden und genutzt, Gegensätze zu überwinden. Heute sind die Grabenkämpfe zwischen Traditionsbewahrern und Erneuerern weitgehend überwunden, die Verfechter der traditionellen, handwerklichen Apfelweinherstellung und die industriellen Großhersteller haben sich versöhnt. „Konnte man denn davon ausgehen, dass die großen Hersteller ein Interesse daran haben würden, sich mit den kleinen auszutauschen?", fragen wir Peter Merkel, Miterfinder des Apfelweintages. „Nein. Das hat mich auch überrascht", sagt er. „Aber die Großen waren fast von Anfang an dabei, das ist doch sehr beachtlich. Vielleicht auch nur, weil sie mal beäugen wollten, was wir Krauterer so treiben." Wie auch immer: Der Annelsbacher Apfelweintag hat die Szene belebt. Daran, dass es in der Branche heute etwas harmonischer zugeht, hat die Veranstaltung sicher ihren Anteil. Trotz aller Unterschiede, die nach wie vor bestehen – „und Reizthemen gibt es natürlich immer noch", so Merkel – geht es heute allen in der Hauptsache um eines: den Erhalt der vielfältigen Hessischen Apfelweinkultur. Und zu der trägt auch Peter Merkel seinen Teil bei.

Um die sechs sortenreine Apfelweine bietet Peter Merkel in seinem Restaurant an, vom milden Brettacher, der wegen seiner schwachen Säure gern von Apfelweineinsteigern gewählt wird, bis zum Trierer Weinapfel, der mit seiner kräftigen Säure und einem hohen Gerbstoffanteil eher Apfelweinkenner anspricht. Die Äpfel, aus denen Peter Merkel seine Apfelweine macht, kommen zum größten Teil von der Obstwiese hinter dem Gasthof, nur unter besonderen

Umständen lässt er teilweise liefern. Die Auflistung der Äpfel, die Merkel am Hang hinter seinem Haus anbaut, liest sich fast wie ein Who's who regionaltypischer und (leider) aus der Mode gekommener Sorten: Winterrambur, Zabergäu, Bürgstädter Roter, Erbachhofner, Hauxapfel, Winterzitronenapfel, Erbacher Tafettapfel, Roter Lutten, Zuccalmaglio, Reichelsheimer Weinapfel, Fränkisch-Crumbacher Mostapfel, Odenwälder Kurzstiel, Dülmener Rosenapfel und Schöner von Nordhausen sind nur einige Sorten, deren klangvolle Namen heute gar nicht mehr so viele Leute kennen. Was Peter Merkel nicht zu sortenreinen Apfelweinen verarbeitet, verwendet er für seinen Hausschoppen. Im Gegensatz zu den Sortenreinen, die Merkel mit einer Reinzuchthefe stabilisiert und harmonisiert, lässt er den Hausschoppen spontan vergären, also nur durch die apfeleigene Hefe. Die dominante Säure, die diesen Wein prägt, ist womöglich nicht jedermanns Sache, Freunde des typischen „Frankfurter Tons" haben daran eher ihre Freude.

Ein bisschen ist die strikt handwerkliche, traditionelle Herstellung seines Hausschoppens bei Peter Merkel auch eine Verneigung vor den Ahnen: Der Odenwald ist schon immer eine Apfelweinregion, auf den Bauernhöfen hatte man sein Apfelweinfass im Keller, in den Gaststätten bot jeder Wirt seinen eigenen Schoppen an. Auch im Gasthaus Dornröschen, früher einmal ein Bauernhof, war das so. Der Urgroßvater braute zudem sein eigenes Bier, füllte Mineralwasser und Himbeer- und Waldmeisterlimonade ab und lieferte seine Produkte mit dem Hundewagen im Odenwald aus. In den 1930er Jahren wollte Peter Merkels Vater dann Apfelwein von Annelsbach nach Frankfurt liefern. „Deswegen hat er auch hinter dem Gebäude eine Obstwiese angelegt", sagt Merkel. „Das war ja wirklich ein verwegenes Ansinnen. Das ist ja wie Wasser in den Main tragen. Aus der Sache ist dann auch nichts geworden." Für den Vertrieb „um den Hof herum" hat der Apfelwein aber gereicht. Und so ist das heute immer noch. Die Produktion ist auf den Ausschank und den Verkauf im Gasthaus ausgerichtet, große Mengen kann und will Peter Merkel hier gar nicht herstellen.

peter merkel

Streuobstschoppen Fassabzug 2006

Analyse

vorhandener Alkohol	%vol 6,1
Gesamtsäure	g/l 4,9
Gesamtphenole	mg/l 534

Sensorik

Farbe	helles Gelb, leichte Trübung.
Geruch	-
Geschmack	gerbstoffig, prägende Säure, sehr trocken.

Gasthaus Dornröschen

Annelsbacher Tal 43
64739 Höchst - Annelsbach i. Odw.

Telefon: 06163 2484

www.dornroeschen-annelsbach.de

treuschs schwanen

Mit Forscherdrang dem perfekten Apfelwein auf der Spur.
Wie ein Gastronom das Apfelweinmachen erst lieben lernen musste.

Eigentlich wollte Armin Treusch nie selbst Apfelwein herstellen. Der gelernte Koch und leidenschaftliche Gastwirt wollte sich voll und ganz um sein Restaurant kümmern. Den Apfelwein, den Treusch in seinem „Schwanen" ausschenkte, bezog er aus der Kelterei seiner Schwester, auf die Qualität konnte er sich verlassen. Um Produktion und Lagerung musste er sich auch nicht kümmern. Doch die Schwester stellte eines Tages den Betrieb ein – es musste eine andere Bezugsquelle für den Apfelwein gefunden werden. Die Entscheidung für einen neuen Lieferanten war beim hohen Anspruch des Gastwirts gar nicht so einfach. Die Produkte einer der großen Keltereien anbieten – das wollte Armin Treusch nicht. Was also tut einer, der einen individuellen Anspruch hat und einen geschulten Gaumen? Der den Dingen gern konsequent auf den Grund geht und aus allem das Bestmögliche herausholen möchte? Er muss sich selbst an die Presse und in den Keller stellen! Etwas anderes blieb Armin Treusch nicht übrig. War er denn von Anfang an mit Enthusiasmus bei der Sache? „Nein, es war eher ein ‚Muss' das zu machen, weil es eben keiner für mich gemacht hat." Und da er unsere Überraschung bemerkt, ergänzt er: „Mittlerweile bin ich heilfroh, dass ich meine Apfelweine selbst herstelle."

Armin Treusch hat sich keine eigene Kelter gekauft, er arbeitet an der Doppelpackpresse eines befreundeten Kollegen. Ein Teil der Äpfel kommt von eigenen Streuobstwiesen, auf denen Armin Treusch gezielt Sorten anbaut, die er für die Produktion der sortenreinen Apfelweine benötigt; ein anderer Teil kommt von Lieferanten aus der direkten Umgebung, denen er hohe Preise dafür zahlt, dass sie die Äpfel möglichst lange am Baum reifen lassen – nur dann haben sie das optimale Aroma. 13 Tonnen verarbeitete Äpfel sind keine Seltenheit; in einem Apfeljahr mit Rekordernte, wie das Jahr 2006 eines war, wird es problemlos noch mehr. Bei dieser Menge von Äpfeln liegt es nahe, nicht lediglich eine Sorte Apfelwein auszubauen, der alle Vorzüge eines gut durchmischten Schoppens hat, sondern zu experimentieren. Wohl auf diese Weise kam es im Lauf der Jahre zu den 25 Sorten Apfelwein, die Treusch in seiner „Pomothek" heute anbietet, einer Vinothek, in der sich alles um den Apfelwein dreht. „Ich versuche herauszufinden, ob ich Sachen nicht auch anders, vielleicht besser machen kann. Ich bin nie darauf aus gewesen, das allein glücklich machende Herstellungsverfahren herauszufinden. Für mich ist die Frage viel wichtiger, ob ich aus bestimmten Äpfeln noch bessere Ergebnisse herausholen kann", erklärt er seinen Forscherdrang. Und weil er sich nicht einfach nur auf das verlassen wollte, was man im Odenwald seit eh und je

Armin Treusch:
Erst wusste er nicht
ob er überhaupt selbst
Apfelwein machen
sollte, heute macht
er pro Jahr rund
25 Sorten.

im süden | treuschs schwanen | 111

weiß, sammelte er eigene Erfahrungen, analysierte Zucker- und Säuregehalt der Äpfel und optimierte die Bedingungen. Sowohl auf der Apfelwiese, wo er mittlerweile jeden Baum kennt, von dem seine Äpfel stammen, als auch im Weinkeller. Wissen, das im Traubenweinbau schon seit Langem dazugehört, zum Beispiel das harmonische Verschneiden zweier Sorten, das Arbeiten in Edelstahltanks sowie der den Ertrag steuernde Beschnitt der Rebe, ist für viele Apfelweinmacher immer noch ein Stückchen unbekannte Welt. Einige Arbeitsmethoden der Winzer haben für den Odenwälder Apfelweinmacher durchaus Vorbildcharakter. Die Arbeit mit Rheinzuchthefen gehört für Armin Treusch genauso zum Handwerk wie die Arbeit mit Bentonit, einem Mittel für Klär- und Schönvorgänge aus dem Weinbau. Davon ist er mittlerweile allerdings wieder abgekommen, heute werden seine Apfelweine nur noch gefiltert.

Für Armin Treusch ist sowohl die Streuobstwiese als auch der Weinkeller ein weites Feld für Experimente. Mit der Herbstfrüchte-Cuvée beispielsweise, für die er unterschiedliche Äpfel, Weinbirnen, Quitten und entweder Holunder oder Schlehe beide bringen Tannine und Bitterstoffe mit – verschneidet, will Armin Treusch den Apfelwein für Rotweintrinker interessanter machen, die ansonsten vielleicht nicht in Berührung damit kommen würden. Hilft das, den Apfelwein von seinem angekratzten Ruf zu befreien? „Natürlich! Alle mit Sorgfalt hergestellten Produkte helfen, den Apfelwein noch beliebter zu machen. Außerdem gibt es ja mittlerweile eine große Bandbreite von Apfelweinen. Wir können heute unterschiedlichste Geschmäcker bedienen. Wer etwas Mildes trinken möchte, bekommt vielleicht einen Brettacher oder eine Rote Sternrenette, wer lieber etwas Kräftiges trinken will, einen Boskoop oder eine Graue Herbstrenette, die Auswahl ist sehr groß", erläutert Treusch. Als Chef seiner Apfelweinstube hat er seine Erfahrungen gemacht und weiß, wie er mit manchmal skeptischen Kunden umgehen muss.

In der Pomothek in „Treuschs Schwanen" gibt es Apfelweine für alle Gelegenheiten. Hier ist schon so mancher auf den Geschmack gekommen.

Oben rechts: Das Refraktometer hilft bei der Bestimmung des Reifegrades der Äpfel.

treuschs schwanen

2005 Reichelsheimer Weinapfel

Analyse

vorhandener Alkohol	%vol 8,3
Gesamtsäure	g/l 3,7
Gesamtphenole	mg/l 1176

Sensorik

Farbe	helles Gelb
Geruch	kräftig, reife Apfelnoten.
Geschmack	säurebetont, sehr gerbstoffhaltig, trocken.

Treuschs Schwanen
Rathausplatz 2
64385 Reichelsheim
Telefon: 06164 2226
www.treuschs-schwanen.com

kelterei rothenbücher

Apfelwein aus dem Kahlgrund.
Export-Stöffche aus Bayerns Norden.

Ein Portrait über eine Apfelweinkelterei im Norden Bayerns in einem Buch über hessische Apfelweine? Das lässt darauf schließen, dass die Verantwortlichen entweder keinen Schimmer von Geografie haben oder dass sie die Einsicht hatten, dass es sinnvoll ist, Buchkonzept und Landesgrenze für zwei Ausnahmen außer Acht zu lassen. Für Keltereien nämlich, die sich nicht auf hessischem Boden befinden, die aber den Apfelweinkonsum in der Rhein-Main-Region sowie in der Rhön und im Taunus kräftig mitprägen. Außerdem wurden die nordbayrischen Keltereien schon vor langer Zeit dem hessischen Gesamtapfelweinmarkt zugeschlagen, warum also eine so scharfe Grenze ziehen. Für den absurden Fall, dass lokalpatriotische Puristen sich darüber beschweren, dass Apfelweine, die in den einschlägigen Lokalen ausgeschenkt werden, aus Bayern kommen, sei angemerkt, dass im Nachbarlokal vielleicht ein Apfelwein aus polnischem Apfelsaftkonzentrat ausgeschenkt wird. Und noch nicht mal das wäre ein Beinbruch. In diesem Fall aber dreht es sich um die Kelterei von Walter Rothenbücher in Schöllkrippen, dessen Apfelweine man in zahlreichen Apfelweinlokalen im Großraum Frankfurt und anderswo bekommt.

Aber worum genau soll es hier nun gehen? Um bayrischen Apfelwein? Um fränkischen Apfelwein? „Nein, das funktioniert doch beides nicht", sagt der Kelterer, „höchstens vielleicht fränkisch, aber das ist schon ein bisschen weit hergeholt. Also sagen wir doch besser Kahlgrund-Apfelwein. Das trifft es genau." So steht es ja auch auf der Flasche. Aber was ist der Kahlgrund? Der Kahlgrund ist das Tal, durch das der Bach Kahl fließt. Die Kahl entspringt bei Kleinkahl und mündet bei Kahl am Main in den Main. In diesem Tal sind traditionell große Streuobstflächen vorhanden, deswegen gab es hier schon immer Keltereien. Früher sehr viele, heute sehr wenige.

Die Gründe für den Niedergang der Keltereien sind hier dieselben wie überall. Entweder hat es sich finanziell nicht mehr gelohnt oder es fehlte der Nachfolger - oder beides. Die Kelterei Rothenbücher existiert bereits seit 1930. Damals gab es einen regelrechten Keltereienboom. Adolf Rothenbücher, der Großvater, war Landwirt und Hausmetzger. Apfelwein hat er nur im kleinen Stil gemacht, aus Leidenschaft und Neigung, für sich, ein paar Privatleute und die wenigen Gaststätten im Dorf. Unter der Führung von Walter Rothenbüchers Vater Erich spielte dann die Landwirtschaft keine Rolle mehr, die Kelterei sollte das neue Standbein werden und wurde ausgebaut. Von der einstigen Landwirtschaft

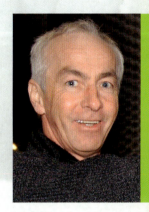

Beliefert den Süden Hessens mit Apfelwein aus dem Norden Bayerns. Der Kelterer Walther Rothenbücher aus dem Kahlgrund.

sind heute noch knapp 80 Bäume übrig geblieben, die Walter Rothenbücher hegt und pflegt. Für die Produktion haben sie allerdings keine Bedeutung, ihre Erntemengen reichen längst nicht mehr für den heutigen Bedarf aus.

Im Keller des Betriebes reifen in riesigen Tanks die Apfelweine. Die Inhalte der Tanks schmecken alle unterschiedlich, aber es ist durchaus eine Richtung, die Hand des Keltermeisters, erkennbar. Es ist Mitte Dezember und die Apfelweine stehen in verschiedenen Stadien nebeneinander. Hefig-trüb der eine, noch voller Bewegung, schon mit kräftiger Säure, aber noch ganz frisch und jung. Glanzklar und recht trocken der andere, beinahe schon ein fertiger Apfelwein. Dazwischen: viele Nuancen, ein schönes Spektrum unterschiedlicher, charakteristischer Apfelweine. Trinkenswert allesamt. Die mit scharfer Säure mag Walter Rothenbücher am liebsten. Auch wenn er den Konsumenten mildere Apfelweine mit nicht ganz so viel Säure anbieten muss, bedauert er den Rückgang der säurehaltigen Schoppen: „Wenn wir einen Apfelwein mit einer vernünftigen Säure trinken, sieben Gramm pro Liter etwa, dann schmeckt der richtig gut und hat auch einen gewissen Nachhall. Wenn wir aber danach einen Apfelwein mit vier Gramm Säure trinken, dann geht der am Zäpfchen vorbei und ist weg." Was zu den milderen Apfelweinen beitrage, sei auch der Umstand, dass auf den Streuobstwiesen heute nicht mehr so viele klassische Säurebringer stünden, sondern eher Sorten wie Goldparmäne und Kaiser Wilhelm. Die Apfelweine lagern jedenfalls bis zur Abfüllung in den Edelstahltanks. Damit der Apfelwein immer möglichst ähnlich und charakteristisch nach Rothenbücher schmeckt, werden die Inhalte der verschiedenen Tanks, bevor sie in die Flasche kommen, miteinan-

Rechts:
Der Betrieb ist nicht nur eine Kelterei, sondern auch eine Brennerei. Regionales Obst wird hier in Hochprozentiges verwandelt.

Links Unten:
Im Familienbetrieb wird jede Hand gebraucht. Wenn immer sie die Zeit dafür findet, hilft Tochter Linda in der Kelterei.

BIER   ÄPPELWEIN

118 | kelterei rothenbücher | *im süden*

der verschnitten, Walter Rothenbücher sagt auch „vermählt", denn ein bisschen Kellererotik müsse schließlich auch sein. Ziel ist es also hier, Charge um Charge, Jahr um Jahr, einen gleichbleibenden, unverwechselbaren Geschmack zu erzielen – im Gegensatz zu Keltereien, die jährliche Eigenheiten des Apfelweins billigend in Kauf nehmen.

Betriebe wie die von Walter Rothenbücher, der Landesbund für Vogelschutz und die Stadt Aschaffenburg haben im Jahr 2003 das „Schlaraffenburger"-Projekt gestartet, durch das die Streuobstwiesen der Region erhalten bleiben sollen. Dadurch, dass die Keltereien überdurchschnittlich hohe Obstpreise an die Lieferanten zahlen, soll der Erhalt der Wiesen gewährleistet werden. Im Rahmen dieses Naturschutzprojektes stellt Walter Rothenbücher Apfelsaft und Cidre mit Biolandzertifikat her. Die Kunden nehmen die etwas höheren Preise für die hochwertigen Produkte gerne in Kauf. „Und das muss auch so sein", sagt Rothenbücher. „Der Billigtrend ist ein Problem, das dringend gelöst werden muss. Verbrauchergewohnheiten gehen immer mehr dahin, alles so billig wie möglich einzukaufen. Viele wollen nur noch die Schnäppchen aus dem Discounter. Wenn sich da die Einstellung nicht verändert, dann werden die kleineren Betriebe in naher Zukunft ein dickes Problem haben. Das ist nicht mehr weit weg." Eine möglicher Weg aus der Misere sei, den Leuten wieder beizubringen, wie selbst gekochte Speisen und handwerklich hergestellte Getränke schmecken. „Keine Convenience-Produkte mehr. Wenn ich zu oft Gerichte aus der Dose esse, dann vergesse ich, wie sie schmecken,

wenn sie selbst gemacht sind. Dann will ich immer nur noch das Dosenzeug." Es gehe darum, sagt Rothenbücher, dass unsere Lebensmittel nicht zu sehr industrialisiert werden. „Aber wenn die Leute verstehen, dass man für Essen und Trinken einfach ein bisschen mehr Geld ausgeben muss und dafür dann halt ein paar Klingeltöne weniger runterlädt, dann passt es schon."

Linke Seite:
Vergangenheit und Gegenwart. Durch umfangreiche Investitionen ist die Kelterei Rothenbücher heute eine der modernsten in der Region.

kelterei rothenbücher

Der echte Kahlgrund Apfelwein

Analyse

vorhandener Alkohol	%vol 6,8
Gesamtsäure	g/l 4,8
Gesamtphenole	mg/l 566

Sensorik

Farbe	goldenes Gelb
Geruch	frische Fruchtaromen
Geschmack	kräftig, urig, gute Säure, trocken.

Kelterei Rothenbücher

Hauptstraße 64
63825 Schöllkrippen

Telefon: 06024 1566

kelterei stenger
Feste Grundsätze und starker Schoppen.
Und: Wer den Trend verpennt, verliert auch Kunden.

Früher war der Kahlgrund im bayrischen Spessart eine der Apfelweinregionen. Die dort angepflanzten Bäume trugen speziell für die Apfelweinproduktion ausgewählte Sorten, was erklärt, warum es hier auch heute noch viele Bäume mit stark säurehaltigen Äpfeln gibt. Zahlreiche Kelterer führten das Obst mit Leidenschaft und Hingabe seiner Bestimmung zu. War Apfelwein zuvor ausschließlich ein Getränk des armen Mannes, so kam er nach dem Zweiten Weltkrieg in Mode. In den Ortschaften des Kahlgrundes haben sich kleine Keltereien entwickelt und mit der Zeit etabliert. Erst wurden kleine Mengen im Lohnmostverfahren für Privatleute gekeltert und ab Fass verkauft. Später, als die Produktion stieg, wurde der Apfelwein in Flaschen gefüllt und gelagert. Immer mehr Konsumenten und Händler, auch solche aus Frankfurt, wurden auf das Stöffche aus dem Kahlgrund aufmerksam, der Markt wuchs. „So ist eine Apfelweinregion entstanden, die weithin bekannt war", sagt Michael Stenger, Senior der Kelterei Stenger in der Mitte des kleinen Ortes Goldbach bei Aschaffenburg, einer der wenigen Kahlgrundkeltereien, die heute noch aktiv sind. Übrig geblieben sei sie auch nur, weil, so Michael Stenger, „wir rechtzeitig Fruchtsäfte ins Sortiment genommen haben. Wer sich nicht, als der Apfelweinkonsum eingebrochen ist, umorientiert und seine Produktpalette erweitert hat, ist einfach kaputtgegangen", sagt er. „In den 1970er Jahren hat uns der Apfelwein 80 Prozent des Umsatzes eingebracht, dazu kam ein bisschen Apfelsaft. Wir hatten damals sogar schon kleine Mengen Traubensaft und Johannisbeersaft im Sortiment, das war zu der Zeit noch etwas Besonderes. Ab Mitte der 90er Jahre konnten wir es uns aber einfach gar nicht mehr erlauben, nicht das Komplettprogramm mit allen möglichen Säften zusätzlich anzubieten. Ohne das hat man im Getränkehandel überhaupt keine Chance."

Michael Stenger ging den Weg vieler Kollegen: Säfte herstellen, um den Betrieb zu erhalten und um weiterhin Apfelwein zu verkaufen. Damit der Familienbetrieb zusätzlich auf stabilen Füßen steht, übernimmt Stenger auch Lohnfüllungen für Kollegenbetriebe. Trends frühzeitig zu erkennen – egal, ob es sich um Säfte, Limonaden oder Bioprodukte handelt –, sei eine wichtige Voraussetzung für ein über Jahrzehnte erfolgreiches Unternehmen. Der neueste Coup von Michael Stenger sind biozertifizierte Apfelweine und -säfte, mit denen er sich zusätzlich etablieren möchte. „Bioprodukte im Sortiment sind heute absolut unverzichtbar. Wer das nicht beherzigt, dem fehlen irgendwann bestimmte Kunden, und damit hat er früher oder später ein Problem."

„Der Bub ist fertig ausgebildet und könnte morgen den Betrieb übernehmen. Aber was würde ich dann den ganzen Tag machen?" Vater Michael und Sohn Christian Stenger teilen sich also noch ein paar Jahre die Arbeit. Sie tun es gern.

Die Kelterei Stenger ist eine von zwei Keltereien, die am Schlaraffenburger Streuobstprojekt teilnehmen. Diese Bioinitiative, an der auch die Landkreise Aschaffenburg und Miltenberg sowie der Bayerische Landesbund für Vogelschutz teilnehmen, sorgt seit einigen Jahren erfolgreich für den Erhalt der heimischen Streuobstwiesen. Und Michael Stenger konnte sein Sortiment durch das Projekt um einige gut gehende Produkte mit Bioland-Zertifikat ergänzen. Zufrieden zeigt er auf die Flaschenbatterie auf dem Tisch: Zwischen Apfelweinen, Cidre- und Apfelsaftflaschen, Apfelschaumwein mit Bioland-Siegel und einer Flasche sortenreinem Brand von der Biogoldparmäne stehen die Erzeugnisse aus konventionellem Streuobst. Der kräftige, schön säurehaltige klare Goldbacher Apfelwein, ein klarer Speierlingtyp, und der naturtrübe, etwas mildere „Der Echte", den Stengers in einer braunen 1-Liter-Bügelflasche anbieten. „Darauf sind die Hessen ganz narrisch", sagt Michael Stenger und freut sich. Auch wenn die Suche nach kommenden Trends für den Goldbacher Kelterer eine große Bedeutung hat, einen Trend mag er nicht mitmachen: Apfelwein als ultramildes Getränk, das man auf der Zugspitze genauso trinken kann wie in Hamburg, in Köln genauso wie in Berlin? „Nie und nimmer. Der Apfelwein soll so erhalten bleiben, wie er ist. Und zwar genauso, wie er schmeckt. Mit der charakteristischen Säure und seinen Gerbstoffen. Es handelt sich ja schließlich nicht um irgendein angepasstes Modegetränk". Wenn es ans Eingemachte geht, kann aus einem ganz entspannten Keltermeister schnell ein fränkischer Grantler werden. Um die Jugend zum Apfelwein zu bekehren, vertraut Michael Stenger jedenfalls nicht auf milde Apfelweine, sondern voll und ganz auf ein Produkt, zu dessen Konsumenten man viel eher die Älteren rechnen würde: den Apfelschaumwein. „Den trinken die Jungen bei uns viel mehr als unseren normalen Apfelwein, obwohl er wesentlich mehr kostet", so Stenger. Und liefert dann ein ganzes Bündel von Argumenten für das Stöffche und seinen Erhalt: „Apfelwein ist ein absolut gesundes Getränk, hat wenig Kalorien, verdünnt das Blut, macht lustig und man schläft nicht ein, wenn man mal einen zu viel trinkt. In einer Apfelweinkneipe in Frankfurt sitzen nicht so viele Leichen wie in einer Bierkneipe in München."

s alte Produktions-
lände in Goldbach
atzt aus allen Nähten.
r Umzug auf ein
ößeres Grundstück
f der grünen Wiese
· für die nächsten
hre geplant.

kelterei stenger

Goldbacher Apfelwein

Analyse

vorhandener Alkohol	%vol 5,5
Gesamtsäure	g/l 6,62
Gesamtphenole	mg/l 777

Sensorik

Farbe	goldenes Gelb
Geruch	kräftige, frische Apfelaromen.
Geschmack	eher trocken, schöne Säure.

Kelterei Stenger

Hauptstraße 7
63773 Goldbach

Telefon: 06021 51756

www.kelterei-stenger.de

dieter walz

Die Wiedergeburt des Ingenieurs als Edelbrenner.
Oder: Wer Sorgen hat, der macht Likör.

*Aromensammler **Dieter Walz** baut viele Sorten, die er für seine Spezialitäten benötigt, auf der eigenen, kleinen Plantage selbst an.*

Dieter Walz ist ein Sammler. Ein Aromensammler. Er sammelt die wertvollen Aromen nicht nur von Äpfeln, sondern auch von Birnen, Pflaumen, Mirabellen, ja sogar von Mispeln, dem Speierling und der Schlehe ebenso wie von vielen anderen Früchten des Odenwaldes. Und damit diese flüchtigen Objekte von Dieter Walzens Sammelleidenschaft nicht in Null Komma nichts in alle Winde verfliegen, bindet er sie in Alkohol. Dieter Walz als „Schnapsbrenner" zu bezeichnen ist natürlich in der Sache völlig richtig, schrammt aber am Ziel vorbei: Sein Hauptinteresse gilt schließlich dem Konservieren der Aromen – und darin ist er ein Meister. Nuancenreichtum, intensive Aromen und prägnante Eindrücke, die sich Nase, Zunge und Gaumen mitteilen, sowie ein harmonischer, weiniger Charakter zeichnen die Walz'schen Edelbrände aus. „Was ich mache, ist mehr als Schnaps brennen", befindet er. Ausschließlich die besten Früchte werden verwendet. Fehlerfrei und hocharomatisch müssen sie sein, natürlich frei von Fäulnis und Schimmel und mit einem ausgewogenen Säure-Zucker-Verhältnis. Und das bekommen die Früchte laut dem Obstbauern und Edelbrenner aus Leidenschaft durch das Odenwälder Klima und die ideale Niederschlagsmenge praktisch von ganz allein. Kurze Wege – ein weiterer Grund für die regionalen Früchte – garantieren die unbedingt notwendige Frische des Obstes. Die Preisliste der Edelbrennerei umfasst über 60 Erzeugnisse: sortenreine Apfelbrände, etwa den Bascus, Walzens hocharomatische und milde Version eines Calvados, Brände vom Bohnapfel, von der Goldparmäne, der Goldrenette von Blenheim, dem gelben Holzapfel genauso wie diverse Steinobstbrände – Kirschwasser, Mirabellenwasser und Schlehenwasser – sowie Beeren- und Tresterbrände: überall fein nuancierter Geschmack voller Aromen. Dazu kommen noch die Liköre aus Holunderbeeren, Quitten und anderen regionalen Früchten, wie der Mollebuschbirne, für deren Erhalt Dieter Walz dadurch sorgt, dass er den Lieferanten beste Preise zahlt, wenn sie ihm die Früchte liefern oder er sie ernten darf. Naturschutz durch Genuss – diese Gleichung geht auch hier auf. Wer sich bei den Likören aus der Brennerei in Lindenfels im Odenwald auf Klebrigsüßes gefasst macht, wird erleichtert sein.

Was Walz bei seinen Bränden verspricht, halten natürlich auch seine Liköre. Der Zuckergehalt der Früchte muss zwar stimmen, im Vordergrund aber steht deren Aroma. Bei der Herstellung der Liköre ist Walz sehr vorsichtig, was die Zugabe von Zucker anbelangt. „Ich geh mit dem Zucker um, wie eine Frau mit dem Lippenstift umgehen sollte. Das, was da ist, unterstreiche ich und verändere es nicht. Dann passt es."

Die Erzeugnisse belegen, dass Dieter Walz mit viel Fingerspitzengefühl und mit aufmerksamen Sinnen zu Werke geht. Das gilt auch bei der Herstellung des Apfelwalzers, Jahrgangsapfelschaumwein und Star in Dieter Walzens Sortiment. Auf den kommen wir gleich noch zu sprechen. Wer jedenfalls den Edelbrenner, Liquoristen und Schaumweinfabrikanten in seinem kleinen Laden in Fürth im Odenwald besucht, wird vermutlich in ernsthafte Entscheidungsnöte geraten: Welchem der vielfach prämierten, geschmacklich imponierenden Brände und Liköre soll man den Vorzug geben – oder um wie viel das Budget überschreiten?

Wenn man Dieter Walz erlebt, wie er von seinen Produkten erzählt, deren Entstehung erläutert und Verkostungen leitet, käme man nicht auf den Gedanken, dass dieser Mann, der voll in seiner Arbeit aufgeht und über ein so feines Gespür für Aromen verfügt, die meiste Zeit seines Lebens einen ganz anderen Beruf ausgeübt hat, den des Ingenieurs. Mit 43 Jahren wurde er arbeitslos und stand vor einem großen Scherbenhaufen, privat wie beruflich. Der schwierige Neuanfang ist ihm geglückt: die Wiedergeburt des Ingenieurs als Edelbrenner. Er kaufte sich Edelstahltanks, produzierte die ersten Flaschen jenes Apfelwalzers, der dem späten Existenzgründer die ersten Erfolge sicherte und sich bis heute immer größerem Zuspruch erfreut, und legte damit das Fundament für seine zweite Karriere. Wenngleich auch die Nachbarn im Odenwalddörfchen Seidenbuch nichts mit Walzens neuem Getränk anzufangen wussten („Der ist doch völlig durchgeknallt, jetzt verkauft er seinen sauergespritzten Apfelwein in 0,1-Liter-Gläsern für 3 Mark"), die Gastronomie wurde schnell darauf aufmerksam. Erst im Odenwald, mit der Zeit auch in

Rechte Seite:
In den Fässern aus
Odenwälder Eiche
lagern echte Schätze,
der Apfelweinaperitif
„Bohnelle" etwa oder
der Bascus, Walzers
großartiger Apfelbrand.

Frankfurt und anderen Städten. Mit dem Apfelwalzer beschreitet Dieter Walz einen traditionellen Weg. Apfelschaumwein hat in Deutschland eine lange Geschichte, war aber für lange Zeit vollkommen von der Bildfläche verschwunden. Produzenten wie Dieter Walz haben das traditionsreiche Getränk vor einigen Jahren wieder entdeckt und ihm zu einer Renaissance verholfen. Auch wenn Dieter Walz seinen Apfelwalzer wie einen Champagner in traditioneller Flaschengärung herstellt, will er damit gar nicht konkurrieren. „Mit dem Apfelwalzer wollte ich ein neues Getränk machen, das spritzig und frisch ist und trotzdem einen stählern-fruchtigen Charakter hat", erklärt er. Und weil das Spritzige und Frische sowohl dem leicht restsüßen als auch dem sehr trocken ausgebauten Apfelwalzer so ausgezeichnet steht, macht es gar nichts aus, dass Walz in einem Punkt von der reinen Champagnermethode abweicht: Die vollen neun Monate Reifezeit erreicht der Apfelwalzer bei starker Kundennachfrage nicht. „Wenn eine Charge ausgetrunken ist, werden die nächsten Flaschen eben schon nach vier bis sechs Monaten degorgiert. Das schadet dem Getränk überhaupt nicht", sagt der bodenständige Odenwälder, während er die Gläser noch einmal füllt. Die kürzere Reifezeit in der Flasche unterstreicht den frischen Zug des Schaumweins, für den Walz immer nur die reifsten und schönsten Äpfel eines Jahrgangs verwendet. „Das, was meine Frau auf den Kuchenboden legt und was ich am liebsten esse, das kommt bei mir auch ins Fass. Würden Sie etwas Unreifes essen? Oder etwas Faules? Nein, eben." Und: Dieter Walz vergärt nie ohne Reinzuchthefen. Er verwendet eine Hefe, die den Schaumwein nah an einen Riesling heranführen soll. Nicht weniger bedeutend ist die schonende, kühle Gärung über viele Wochen, welche die Aromen und die feine Kohlensäure im Schaumwein bindet. Das Ergebnis ist ein herber, eleganter Schaumwein mit einem fein austarierten Gleichgewicht von Aroma, Säure und Restsüße. Mit einem Schluck davon im Glas dankt man dem Schicksal, dass der Mann in der Mitte seines Lebens gezwungen war, neu anzufangen. Wie heißt es doch so schön? „Scheitern als Chance". Es folgt doch alles einem guten Plan.

dieter walz

Apfelwalzer sehr trocken

Analyse

Nicht analysiert

Sensorik

Farbe	helles Gelb
Geruch	leichte Apfelaromen
Geschmack	sehr trocken, fruchtig, würzig, elegantes Mousseux.

Dieter Walz

Tucholskyweg 6
64658 Fürth/Odw.

Telefon: 06253 23280

www.apfelwalzer.de

apfelschaumwein

Den ersten deutschen Schaumwein hat Carl Samuel Häusler hergestellt. Der Erfinder und Gründer einer Kellerei im niederschlesischen Grünberg hat bereits 1820 Apfelschaumwein produziert. Erst acht Jahre später wurde in Deutschland Traubensekt hergestellt. Noch in den ersten Jahrzehnten des 20. Jahrhunderts erfreute sich das Getränk großen Zuspruchs und wurde in viele Länder der Welt exportiert.

Nach dem Zweiten Weltkrieg ging das Interesse am Apfelschaumwein stark zurück, sodass er vom Markt verschwand. Erst seitdem findige Hersteller sich in den 1980er Jahren wieder des Getränks angenommen haben, erfährt es bei uns eine Renaissance. Mittlerweile gibt es am Markt einige Hersteller, große wie kleine, die in der Flasche gegärte, höchst trinkenswerte Apfelschaumweine anbieten.

döhneel
nmühle
chundb
üllerra
hönsch
teltrag

mitte/nord

Landwirtschaftliche Kellerei Joachim Döhne in Schauenburg-Breitenbach, dem Ort der Schauenburger Märchenwache. Kalligraphie und Zeichnung von Albert Schindehütte aus dem Buch »Die Grimm'schen Märchen der jungen Marie«

joachim döhne

Märchenhafter Geheimtipp für Schaumweinfreunde.
Apfelchampagner aus Hessens hohem Norden.

*Freut sich zu Recht über die Qualität seines Apfelschaumweins: **Joachim Döhne** aus dem nordhessischen Schauenburg.*

Für auf Frankfurt zentrierte Schoppentrinker, für die die Stadt am Main den Nabel der Apfelweinwelt darstellt, ist es wahrscheinlich nicht naheliegend, dass gerade aus dem hohen Norden Hessens ein so charaktervoller Apfelchampagner kommen soll. Eingezwängt zwischen Nordrhein-Westfalen und Niedersachsen, spielt Apfelwein hier eigentlich keine große Rolle, Nordhessen ist Biertrinkerland. So weit abgelegen von der Apfelweinmutter Frankfurt, im Kurhessischen, im ehemaligen Zonenrandgebiet, gärt doch kein sauberes Stöffche, könnte man meinen. Aber das ist absolut falsch gedacht. Schauenburg-Breitenbach, wenige Kilometer südlich der nordhessischen Kulturmetropole Kassel, ein Ort, in dem auf den ersten Blick nicht viel los ist, müsste ein Mekka für Apfelschaumwein-Freunde sein. Denn hier lebt und arbeitet Joachim Döhne, Produzent des „Schauenburger Apfelschaumweines". Obwohl Döhnes Schaumwein in Verkostungen immer wieder hervorragend abschneidet und auch die Weinkritik nicht mit Lob und Fürsprache geizt, ist sein Schaumwein noch ein absoluter Geheimtipp. „Wenn ich beispielsweise in Westfalen, nur wenige Kilometer von hier, meinen Schaumwein auf einer Veranstaltung präsentiere, können die Leute gar nichts damit anfangen. Die kennen so was überhaupt nicht – und lassen die Finger davon", bedauert Döhne. Da sind die nordhessischen Landsmänner und -frauen doch etwas aufgeschlossener. Döhne verkauft gerade in der direkten Umgebung am besten: „Über 80 Prozent meiner Kunden kommen aus einem Umkreis von 30 Kilometern", sagt er.

Für seinen Schaumwein verwendet Döhne hauptsächlich die zuckerreichen Sorten Jakob Lebel, Schöner von Herrnhuth sowie Danziger Kantapfel. Mit einer kleineren Menge Boskoop, die zum Einstellen der Säure dient, sorgt Döhne dafür, dass der Schaumwein in jedem Jahr einen einheitlichen Grundcharakter hat. Die Reinzuchthefe, die Döhne bei der Gärung verwendet, hilft zusätzlich dabei, dass der Geschmack seines Produktes in jedem Jahr in dieselbe Richtung weist. „Wenn sich die wilden Hefen durchsetzen, die auf den Äpfeln sitzen, dann schmeckt der Wein mal so und mal so. Das will ich meinen Kunden nicht anbieten", erläutert er. Joachim Döhne lässt die Weine zuerst sortenrein über mehrere Monate gären. Anschließend verschneidet er sie zu einer Cuvée und setzt ihnen Champagnerhefe und Zucker zu. Dann werden die Weine in Flaschen abgefüllt und die mehrmonatige Reifezeit kann beginnen. Eigentlich muss ein Schaumwein nach der Methode chamegnoise neun Monate in der Flasche

reifen. Aber das ist, sagt Döhne, nicht immer einzuhalten. Eine Reifezeit von sechs Monaten kann auch ausreichen. Nach drei Wochen Rüttelpult werden die Flaschen degorgiert, das bedeutet, der obere Flaschenhals wird vereist und die darin gesammelte Resthefe dadurch gebunden. Anschließend wird die Flasche entkorkt, wodurch die gefrorene Hefe mit herausspringt. Umgehend werden die Flaschen wieder verschlossen und der Verschluss mit einem Drahtbügel gesichert. Der trockenen Variante des Schaumweins wird während dieses Vorganges Expeditionslikör (ein Gemisch aus Apfelwein und Zucker) beigemischt. Dieser sorgt für eine stärkere Nachgärung in der Flasche.

Für seinen Schaumwein verwendet Joachim Döhne ausschließlich eigene Äpfel, und die kommen aus der direkten Umgebung – „Transport ist immer schädlich für Äpfel". Deswegen legt Döhne größten Wert auf kürzeste Wege. „Während des Transportes bekommt ein Apfel schnell Druckstellen und an dieser Stelle oxidiert er leicht. Das ist an sich zwar nicht dramatisch, aber der Apfel fault dann einfach schneller, wird also schnell schimmelig. Und wenn er schimmelt, kann ich ihn überhaupt nicht mehr gebrauchen", erklärt er. Bei einem süßen Apfelsaft würde man das nicht unbedingt herausschmecken. Beim Schaumwein allerdings, beim Brut zumal, der über sehr wenig Restzucker verfügt (10 g/l, der trockene 20 g/l), fiele das sofort unangenehm auf.

Doch nicht nur der Inhalt der Flaschen verdient volle Aufmerksamkeit, sondern auch deren Etiketten – diese sind im wahrsten Sinne märchenhaft. Albert Schindehütte, Zeichner und Sohn des Ortes, ausgewandert nach und bekannt geworden in Hamburg, hat sie gezeichnet und sich dabei an den Märchen der

Linke Seite: Kopfüber im Rüttelpult: Noch ziert alle Flaschen ein Kronkorken.

Rechts oben: Die Agraffe kommt erst später auf die Flasche.

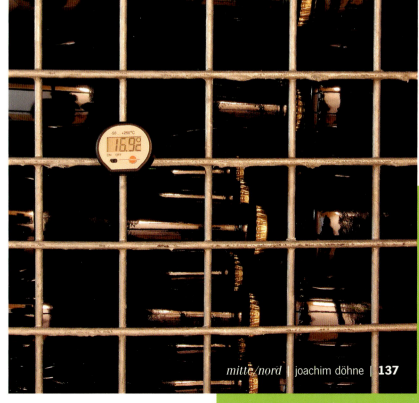

Brüder Grimm orientiert. Dass er das getan hat, hat einen ganz naheliegenden Grund. Schauenburg ist Märchenland. Genauer ausgedrückt: Die Sammlung der Brüder Grimm ist fest in der Geschichte der Region verwurzelt. Schauenburg selbst hat eine wichtige Bedeutung für die wohl bekannteste Märchensammlung der Welt. Immerhin waren es zwei Bewohner des Ortes, Marie Hassenpflug und Johann Friedrich Krause, die Wilhelm und Jakob Grimm die bis dahin nur von Mund zu Ohr weitergegebenen Märchen in die Feder diktiert haben. Allein durch die Mithilfe Marie Hassenpflugs (in der Märchenforschung als ‚junge Marie' bekannt) fanden etwa 50 Märchen – also gut ein Viertel der Sammlung – ihren Weg in das Buch, darunter "Brüderchen und Schwesterchen", "Rotkäppchen", "Vogel Phönix" und "Des Schneiders Daumerlings Wanderschaft". Obwohl Joachim Döhne nicht allzu viel für Märchen übrighat – „als Kind schon, heute nicht mehr so" –, schienen ihm Schindehüttes Zeichnungen genau der passende Schmuck für seine Flaschen zu sein. Monatelang ist Döhnes Schaumwein in der Flasche gereift, jetzt perlt er in unseren Gläsern. Durch die schonende Gärung hat sich die Kohlensäure in dem Getränk gebunden, der Schaumwein perlt auch dann noch, wenn er schon eine Weile offen stand. Der komplexe Apfelchampagner vereint das spritzig-junge und leichte Wesen eines Cidres mit den herben Aromen eines extraktreichen Weines aus erstklassig gereiftem Obst. Warum also nicht einmal wieder ein Grimm'sches Märchenbuch zur Hand nehmen und sich gegenseitig daraus vorlesen, bis die Flasche leer ist? „Dornröschen" vielleicht oder „Der Räuberbräutigam"?

Oben links:
Auf seinen Anlagen pflanzt Joachim Döhne Birnen, Zwetschgen, Aprikosen und mehr an, um daraus Brände zu machen.

Unten links:
Ist die Hefe im Flaschenhals schon gefroren? Joachim Döhne kontrolliert während des Degorgierens jede Flasche.

joachim döhne

Apfelschaumwein trocken

Analyse

Nicht analysiert

Sensorik

Farbe	helles Gelb
Geruch	milde Frucht
Geschmack	sehr weich, reifes Obst, eher trocken.

Kellerei & Brennerei Joachim Döhne

Hauptstraße 31
34270 Schauenburg-Breitenbach

Telefon: 05601 4486

kelterei elm

Europäische Apfelweinregionen als Vorbild.
Ein Kelterer aus der Rhön wünscht sich mehr Qualität in der Branche.

Von Finnen, Schweden, Engländern, Österreichern und Franzosen lernen heißt siegen lernen. Harald Elm wünscht sich mehr Inspiration von anderen europäischen Apfelweinkulturen.

Am liebsten hätte Harald Elm, dass die hessischen Kelterer sich ein Stück der Apfelweinkultur anderer Länder anverwandelten. Egal, wo er hinblickt: Überall sieht er Produkte, die besser angenommen werden, mehr große Betriebe, die innovativ zu Werke gehen, und Verbände, die besseres Marketing machen. Finnland, Schweden, Frankreich, England und Österreich sind nur einige der Länder, in denen der Apfelwein eine weit höhere Akzeptanz erfährt und wesentlich mehr davon umgesetzt wird. In England sind es jährlich rund 500 Millionen Liter, in Schweden 300 Millionen Liter und in Frankreich 120 Millionen Liter Apfelwein. Der hessische Apfelweinmarkt liegt derzeit bei rund 42 Millionen Litern. Zwar hat finnischer Apfelwein ebenso wie sein schwedisches oder englisches Pendant nicht viel mit dem zu tun, was die Hessen als Apfelwein kennen, „aber warum soll man sich nicht ein Beispiel daran nehmen, wie in anderen Ländern mit einem ähnlichen Kulturgut umgegangen wird?", fragt Harald Elm. Natürlich dürfe man nicht einfach etwas nachmachen. „Was in anderen Ländern gut funktioniert, muss noch lange nicht bei uns genauso gut funktionieren." Stimmt: Die Herstellungsmethoden in besagten Ländern haben eigentlich nur insofern etwas mit den hiesigen zu tun, als dass dort auch Äpfel verwendet werden. In England ist die Zugabe von Süßstoffen, Farbstoffen, Zucker, Alkohol und Wasser keine Seltenheit, finnische Produkte werden zum Beispiel mit Cranberry aufgepeppt. Da hat doch das österreichische Modell schon eher Vorbildcharakter: „Wie das im Mostviertel klappt, ist einfach perfekt! Die haben sich sehr viel aus der dortigen Weinkultur abgeguckt, füllen die Moste in weiße Weinflaschen und vermarkten ihren Most im Zusammenhang mit dem Tourismus vorbildlich", sagt der Kelterer.

Es sei höchste Zeit, zu überlegen, wie der hessische Apfelwein erfolgreicher vermarktet werden könne. Nur leider sei es in Hessen eher schwierig, solche Neuerungen anzugehen. Grund sei oft die mangelnde Zusammenarbeit der hessischen Keltereien: „Bekomme ich in Hessen zwei Keltereien unter einen Hut? Nein!" Für Elm wäre es gerade für größere Apfelweinkeltereien, die aus wirtschaftlichen (oder ideologischen) Gründen keine sortenreinen Apfelweine machen können, ein guter Weg, „mehr Kult" um den Apfelwein zu machen, indem man Apfelweine nach Lagen und Regionen herstellen würde. „Wenn wir jetzt einfach als Erntegebiet den Kreis Fulda nehmen würden oder den und den Berg oder dieses und jenes Tal und würden einen Apfelwein aus den dort geernteten Äpfeln machen, etwa ‚Rhöntaler Siebensortenapfelwein' oder ‚Kinzigtalapfelwein', das

wäre doch das Interessante! Aber auf den Etiketten der großen Keltereien steht immer nur, aus welchem Betrieb der Apfelwein stammt. Im Weinbau gibt es so was nicht!" Das setze allerdings einheitliche Herstellungs- und Qualitätsstandards voraus. Die Geschmacksdifferenzierung würde sich dann daraus ergeben, ob Äpfel aus dem Kinzigtal, irgendwo aus dem Taunus oder dem Odenwald verwendet wurden. „So wie beim Riesling auch. Man kann doch auch herausschmecken, ob ein Riesling aus dem Rheingau kommt oder aus Franken", veranschaulicht Harald Elm seine Vision. Um den Apfelbestand in seiner Region nachhaltig zu sichern, hat er gemeinsam mit anderen Keltereien, mit Baumschulen und Obstbauern das Bioprojekt „1.000 Apfelbäume" ins Leben gerufen. Durch ein ausgeklügeltes System von Subvention und Refinanzierung soll der Bestand der Bäume für die nächsten Jahre gesichert werden. Mit gewissem Erfolg: 2006 konnten daraus 2.000 Tonnen biozertifizierte Äpfel von 3.000 privaten und gewerblichen Anlieferern gewonnen werden.

Die Sache mit den einheitlichen Qualitätsstandards bei Keltereien sei übrigens gar nicht so leicht umzusetzen, denn viele Kelterer hätten keine adäquate Weinausbildung. „Vielleicht sind 20 Prozent der Kelterer ausgebildet. Viele finden es schon Besonderheit genug, dass sie 'selbst keltern', aber das ist es eben nicht. Sie müssen auch richtig keltern. Es ist gut, wenn viele Kleine was machen. Aber sie müssen es so machen, dass am Ende auch was Vernünftiges dabei herauskommt." Harald Elm ist der Überzeugung, dass Apfelwein heute durch kontrollierte Kaltvergärung hergestellt werden müsse: „Das bringt einfach die besten Ergebnisse." In der Kelterei Elm wird der frisch gepresste Saft pasteurisiert und erst einmal eingelagert. Apfelwein wird dann hergestellt, wenn er gebraucht wird. Dazu werden die kurzzeiterhitzten Säfte entsprechend Säure- und Zuckerwerten verschnitten, eine Reinzuchthefe wird dazugegeben, die daraus innerhalb von sechs bis acht Wochen Apfelwein macht.

Harald Elm selbst ist Diplomingenieur der Getränketechnologie. 1982 übernahm er die Lohnmosterei des Vaters und expandierte kontinuierlich. Im Ganzen wurden im Jahr 2007 15 Millionen Liter hergestellt, nicht nur Apfelsaft und Apfelwein, der macht mit etwas mehr als 500.000 Litern nur rund fünf Prozent der Produktionsmenge aus. Für einen internationalen Markt werden hier Johannisbeeren, Sauerkirschen, Holunder und vieles andere mehr zu Saft verarbeitet. Beim Geschmack seiner Apfelweine legt Harald Elm großen Wert darauf, dass sie nicht nur dem südhessischen, sondern auch dem Kölner, Münchner und Ingolstädter Kunden schmecken. Und das nicht erst nach dem zweiten Glas. „Nur komme ich bei denen mit dem Bembel, den braunen Flaschen und dem säurelastigen Apfelwein nicht weit. Mit milderen Produkten und einer frischeren Aufmachung müssen wir versuchen, eine neue Kundschaft aufzubauen. Denn die alte Kundschaft stirbt sonst irgendwann aus."

kelterei elm

Kultapfel

Analyse

vorhandener Alkohol	%vol 5,1
Gesamtsäure	g/l 5,7
Gesamtphenole	mg/l 340

Sensorik

Farbe	helles Gelb
Geruch	reife Äpfel
Geschmack	eher fruchtig, wenig Säure, leicht moussierend.

Kelterei Elm

Im Weiher 7
36103 Flieden

Telefon: 06655 9800

www.kelterei-elm.de

gasthof hainmühle

Apfelweinmühle an der Ohm.
Kelterhandwerk wie anno dazumal.

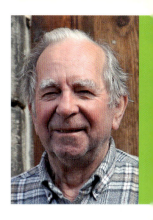

Wenn der Vater mit dem Sohne: Ohne einander wollen Vater Karl-Heinz und Sohn Wilhelm Arnold nicht keltern. Im Herbst arbeiten sie als gut eingespieltes Team an der Packpresse.

Die Apfelweinherstellung hat in der Hainmühle eine lange Tradition. Seit 1845 werden in der ehemaligen Öl-, Mahl- und Sägemühle am Ufer der glucksenden Ohm Äpfel gekeltert, vergoren und unters Volk gebracht. Der damalige Pächter Gottfried Repp war der Erste, der die mechanische Antriebskraft der Wassermühle erheblich zweckentfremdete und sie nutzte, um die Äpfel zu zerkleinern. Anschließend wurden sie in einer Spindelpresse gepresst, die von vier Mann mit Muskelkraft betrieben wurde. Der frische Apfelsaft wurde nicht wie heute durch ein Rohrleitungssystem von der Presse in die Tanks im Keller gepumpt, er wurde in Eimern dorthin getragen. Mit einem Joch auf den Schultern, zwei Eimern frisch gepressten Saftes daran, ging es zu den Fässern. Den ganzen Tag lang, während der ganzen, monatelangen Erntezeit. Eine mühselige Arbeit, man kann es sich denken. Diesen Teil der Arbeit hat Wilhelm Arnold, heute Chef auf dem etwas abgelegenen Idyll, noch in guter Erinnerung: „Bis 1967, als die alte Scheune, in der gekeltert wurde, abbrannte, haben wir den Apfelsaft auf diese Weise von der Presse in den Gewölbekreuzkeller gebracht." Nach dem Brand wurde behutsam modernisiert und eine eigene Packpresse angeschafft.

Seitdem geht die Arbeit ein bisschen leichter von der Hand. Die Arnolds sind seit 1909 auf der Hainmühle und sie haben immer schon Apfelwein gemacht. Selbstgekelterter wurde hergestellt und verkauft, wer wollte, konnte sein Obst bringen und pressen lassen und Saft mit nach Hause nehmen. Eine Lohnmostkelterei, wie es früher viele gab.

Neben der Kelter gab es in der Hainmühle eine kleine Straußwirtschaft. Tische und Bänke standen im Hof, wer wollte, konnte in der Saison eine Kleinigkeit zu essen bekommen, während er wartete, bis seine Äpfel gepresst waren. Nach und nach nahm die Gastronomie an Bedeutung für den Familienbetrieb zu, Annemarie und Karl-Heinz Arnold bauten das Restaurant auf, das Sohn Wilhelm 1995 übernahm. Das Lokal lockt zahlreiche Besucher mit Bodenständigem und Deftigem aus dem Fundus der Regionalküche, aber das Herz des Betriebes schlägt doch irgendwo zwischen Apfelbäumen, Packpresse und Gärtank. Wer sich mit Vater Karl-Heinz und Sohn Wilhelm Arnold über heimische Apfelsorten und deren geschmackliche Eigenheiten und Vorzüge für den Selbstgekelterten unterhält, bekommt den Eindruck, dass Apfelwein und Hainmühle untrennbar zueinandergehören. In der Kelterzeit stehen Vater, Mutter und Sohn zu dritt an der Presse und arbeiten. Mittlerweile hat Sohn Wilhelm auch hier

mitte/nord | gasthof hainmühle | **145**

das Kommando übernommen, aber allein würde er die Arbeit sicher nicht bewältigen können. Dabei geht es nicht nur um die Arbeitskraft der Eltern, die an der Presse stehen und die Lagen mit Maische befüllen. „Mein Vater macht das ja schon ein paar Jahre länger", sagt Wilhelm Arnold. „Der kann mir mit seiner Erfahrung oft weiterhelfen." Gibt es denn strittige Auffassungen über den richtigen Weg? „Nein", sagt Wilhelm Arnold, „wir haben da keine Auseinandersetzungen. Wir leben mit dem, was da rauskommt." Nach dem Pressen lagern die Apfelweine in ihren Tanks, verschnitten werden sie nicht. Strebt Wilhelm Arnold keinen einheitlichen Geschmack bei seinem Apfelwein an? „Nein, nein, das will ich ja gar nicht", wehrt er ab, „warum soll immer alles gleich schmecken? Ein neues Fass schmeckt anders. So ist das nun mal."

Auf der Hainmühle geht es ausgesprochen traditionell zu. Hier wird in Ehren gehalten, wie es die Ahnen gemacht haben. Das Handwerkliche und Ursprüngliche ist hier nicht wegzudenken. Moderne Technik und zeitgemäße Hilfsmittel, die dem Apfelwein mehr Stabilität verleihen und ihn vor Verunreinigungen schützen, sucht man hier vergebens. Alles in diesem Betrieb sieht aus wie in der guten, alten Zeit. Und solange der Apfelwein schmeckt, ist ja auch alles in Ordnung. Eine so betagte Ausstattung kann aber auch schnell zu einer argen Belastung für einen kleinen Betrieb werden. Tanks und Presse tun ihren Dienst noch, haben aber schon einige Jahre auf dem Buckel. Ob sie die nächsten Jahre unbeschadet überstehen, ist ungewiss. Für eine neue Presse und Gärtanks kann man ein kleines Vermögen ausgeben. Dass auch das traditionelle Herstellungsverfahren – das hier etwa den grundsätzlichen Verzicht auf Reinzuchthefen und Schwefel ebenso einbezieht wie

mitte/nord | gasthof hainmühle | 147

auch den Verzicht auf technische Filtration – große Probleme bereiten kann, weiß Wilhelm Arnold: „Wenn wir den Apfelwein umfüllen oder ihn von der Hefe nehmen, birgt das gewisse Gefahren. Wir müssen absolut sauber arbeiten und aufpassen, dass der Wein sich nicht mit Schimmel- oder Essigbakterien infiziert und nicht mit Luftsauerstoff in Kontakt kommt. Aber bislang haben wir immer alles richtig gemacht. Solange es funktioniert, bleiben wir dabei." Mit erkennbarer Zufriedenheit fügt er hinzu: „Außerdem macht uns unseren Apfelwein so schnell keiner nach". Hobbykelterern empfiehlt Wilhelm Arnold allerdings, keinesfalls auf eine geeignete Reinzuchthefe zu verzichten. „Heute haben alle zu warme Keller. Außerdem will ich die Anfänger ja auch vor der Enttäuschung bewahren. Die geben sich Mühe, setzen Hoffnung in das Ergebnis, und dann wird es nichts. Das ist doch zu schade." Für die Arnolds bedeutet der Verzicht auf Hefen und Schwefel, Apfelsorten verwenden zu müssen, die dem Apfelwein genug stabilisierende Säure mitgeben: Rheinischer Bohnapfel, Trierer Weinapfel etwa – säureführende, sehr gerbstoffhaltige Äpfel. Die gibt es im hohen Vogelsberg und direkt um die Stadt Homberg/Ohm, von dort kommen die Äpfel zum größten Teil, in Hülle und Fülle. Aber natürlich nicht nur die. Edelborsdorfer, Winterrambour, Boskoop, Kaiser Wilhelm, Landsberger Renette, Danziger Kant, Goldrenette von Blenheim: Die klassische Sortenvielfalt der Streuobstwiese sorgt für die aromatische Mischung. Der Bohnapfel ist für die adstringierende, säurereiche Prägung im Arnold'schen Schoppen verantwortlich. 2008 soll es einen sortenreinen Apfelwein vom gerbstoffreichen Rheinischen Bohnapfel im Ausschank geben: eine lohnende Herausforderung, nicht nur für Apfelweineinsteiger.

Oben links:
Hauptsächlich Bohnäpfel sind es, die Wilhelm Arnold für seinen Apfelwein verwendet.

Die Hainmühle ist ein traditionsreicher Ort. Die erste Erwähnung der Mühle stammt von 1412.

gasthof hainmühle

Hainmühle Apfelwein (großer Anteil Bohnäpfel)

Analyse

vorhandener Alkohol	%vol 7,3
Gesamtsäure	g/l 4,8
Gesamtphenole	mg/l 714

Sensorik

Farbe	leichtes, goldenes Gelb.
Geruch	herbe Apfelaromen
Geschmack	sehr trocken, kräftige Tannine, typisch Bohnapfel.

Gasthof Hainmühle

Mühltal 1
35315 Homberg (Ohm)

Telefon: 06633 315

www.hainmuehle.de

kelterei matsch & brei

Eulen nach Athen.
Oder: Warum eine Kelterei Apfelwein von Speckswinkel nach Frankfurt liefert.

„Wenn ihr einen Apfelwein in meinem Lokal trinken wollt, der euch besser schmeckt, dann müsst ihr ihn mir schon herbringen." Am Anfang der Geschichte der kleinen Kelterei „Matsch und Brei" in Speckswinkel stehen Sätze von Wirten wie dieser, die das kleine Sprengel unbeirrbarer Apfelweinenthusiasten dazu bewogen haben, auszuziehen, um das Keltern zu lernen. Raus aus dem Rhein-Main-Gebiet, rein in die Provinz. Den Kern des Kollektivs bildeten die knapp 20 Bewohner einer Wohngemeinschaft aus Frankfurt-Niederrad. „Die wollten gern was auf dem Land haben", erinnert sich Reinhard Kuball, Fast-Gründungsmitglied und heute Chef der Kelterei. „So haben die irgendwann diesen Hof hier gefunden und gleich gekauft. Das ist jetzt rund 30 Jahre her." Die gesellschaftspolitische Gemengelage in den frühen 1980er Jahren entsprach nicht dem Lebensentwurf der Aussteiger. „Wir waren politisch engagiert und wollten kein ‚normales' Leben führen. Wir wollten gemeinschaftlich arbeiten und leben", sagt Reinhard Kuball. Der gefundene Bauernhof in Speckswinkel im Landkreis Marburg-Biedenkopf bot genug Platz für Apfelweinherstellung und Selbstverwirklichung. Die Räume wurden aus- und umgebaut, Felder wurden zusätzlich bewirtschaftet, die „grüne Kommune" – so nannten die Speckswinkler Einwohner die bärtigen, langhaarigen Aussteiger – war endlich da angekommen, wo sie hinwollte. Aber die Einheit hielt nicht allzu lange. Ein Teil der Kommunarden suchte sich einen größeren Hof in der Nähe, mit mehr Feldern für die Landwirtschaft, und siedelte um. Das war die Situation, in der Reinhard Kuball in das Kelterkollektiv kam, und diese Anfangszeit war keineswegs rosig. „Wir haben die Arbeit total unterschätzt", sagt er. „Wir haben uns das alles viel leichter vorgestellt. Wir dachten, wir müssten drei Monate, während der Kelterzeit, ordentlich ranklotzen und dann könnten wir nur noch verkaufen." Dass das Kelterhandwerk wesentlich mehr Arbeit bedeutet, haben sie in den Anfangsjahren von "Matsch und Brei" erst lernen müssen.

Aus ihren alten Tagen als Stammkunden in diversen Frankfurter Lokalen hatten Reinhard Kuball und die anderen noch immer stabile Kontakte in die Gastronomie. Den Wirten gefiel das Produkt, ein Vertriebsnetz war schnell geknüpft und ausgebaut. Auch wenn sich der Apfelweinvertrieb im Wesentlichen auf den Frankfurter Raum begrenzte, mit der Zeit kamen Gaststätten in Marburg, Kassel und Darmstadt dazu und sorgten für mehr Geld in

*Raus aus dem „normalen" Leben, kopfüber ins Abenteuer. **Reinhard Kuball** und seine Mitstreiter zogen in die Provinz, um das Keltern zu lernen.*

der Kasse. Bereits in den Anfangstagen nahmen die Kelterer auch den Handel mit Ökoweinen aus Südfrankreich mit in den Vertrieb auf. Die solidarische Aktion für südfranzösische Weinbauern nahm schnell an Umfang zu und ist heute ein stabiles und wichtiges Standbein, mit rund 300 Weinen aus ökologischem Anbau. Allein mit Apfelwein hätte sich der basisdemokratisch geführte Betrieb sicher nicht über 25 Jahre halten können. Was sowieso nicht immer einfach war, denn „wenn man wirtschaftlich erfolgreich sein will, dann sind lange Diskussionen wirklich ein Handicap". Irgendwann ging es dann auch nicht mehr weiter, ein Teil der Mannschaft verabschiedete sich. Heute ist Reinhard Kuball auf dem Papier der Chef, aber eigentlich „machen alle alles". So war das auch früher schon, mal war der eine Chef, mal der andere. Wer heute Büro und morgen Vertrieb machte, stand übermorgen an der Kelter oder wog die Äpfel bei der Annahme. Wenngleich die Speckswinkler ihre neuen Nachbarn erst skeptisch beäugten, so dauerte es nicht lange und die Exoten genossen die höchste Wertschätzung. „Gerade die älteren Leute", erinnert sich Reinhard Kuball, „fanden toll, dass wir so hart gearbeitet haben. Die haben sich im Herbst bei der Apfelannahme noch mal hinten angestellt, damit sie uns länger bei der Arbeit zusehen konnten."

Die Arbeit an der Kelter in der windigen Scheunendurchfahrt ist auch verantwortlich für den ungewöhnlichen Namen der kleinen Firma, zumindest zur einen Hälfte. „Im Herbst regnet es hier sehr viel, dann ist einfach alles total matschig. Am Anfang waren die Umstände wirklich grausig. Wir haben uns beim Apfelwein um die beste Qualität bemüht und mussten ständig im Matsch arbeiten. Irgendwann haben wir abends zusammengesessen und einen getrunken, auf einmal war der Name da: ‚Matsch

mitte/nord | kelterei matsch & brei | **153**

und Brei'." Den anderen Teil der Verantwortung schiebt Kuball dem Revoluzzertum der frühen Tage zu. Er erinnert sich an seinen Ärger über die Produkte der großen Keltereien. „Auf den Flaschen standen diese ganzen tollen Namen und darin war einfach abscheulicher Apfelwein. Das hat uns furchtbar geärgert. Wir wollten mit unserem Namen einfach ein bisschen anstinken. Aber man muss das im Kontext der Zeit sehen", sagt Reinhard Kuball fast ein wenig entschuldigend. „Das war Anfang der 80er. Heute würden wir das nicht mehr so machen, aber damals war das nun mal so."

Bei ihrem eigenen Wein legen die Speckswinkler Kelterer Wert auf Tradition. Nicht nur bei der Wahl der grünen 1-Liter-Flasche und dem Naturkorken, auch bei der Herstellung ihres Apfelweins. Nach dem Pressen erlebt der Apfelsaft in großen Kunststofftanks die erste Gärung. Danach kommt er in alte Eichenholzfässer und lagert darin der Abfüllung entgegen. Während dieser Zeit baut der „Matsch und Brei"-Apfelwein einen Teil seiner prägenden Säure ab, was ihn ein bisschen runder und weicher werden lässt. Der Verzicht auf Reinzuchthefen, die den schwächeren apfeleigenen Hefen die Arbeit abnehmen würden und den Wein stabiler machen, ist hier, wie bei anderen kleineren Keltereien, die sich der traditionellen Apfelweinbereitung verpflichtet fühlen, obligatorisch.

Linke Seite:
Allzuviel hat sich in der Scheune seit den Anfangstagen nicht verändert. Modernisierungen wurden sehr behutsam vorgenommen.

kelterei matsch & brei

Matsch & Brei Apfelwein

Analyse

vorhandener Alkohol	%vol 6,1
Gesamtsäure	g/l 4,8
Gesamtphenole	mg/l 500

Sensorik

Farbe	eher blasses Gelb
Geruch	leichte Fruchtnoten
Geschmack	kräftige Säure, ohne langen Nachhall, sehr trocken.

Kelterei Matsch & Brei
Steinweg 10
35279 Speckswinkel

Telefon: 06692 1400

www.matschundbrei.de

kelterei müller

Letzte Ausfahrt Apfelwein.
Eine groß gewordene Lohnmosterei im Herzen der Wetterau.

Birgit Müller-Lindenau: Die Getränketechnologin ist im Betrieb überall dort zu finden, wo gerade Not am Mann ist. Für Sie ist die Arbeit in der Kelterei eine Passion.

Es gibt Tage, an denen ärgert sich Birgit Müller-Lindenau über den Endverbraucher. Dann nämlich, wenn Keltereien „hessischen Süßen" verkaufen, bevor die Ernte- und Kelterzeit so richtig angefangen hat und die Kunden unbesehen zugreifen. „Wenn die Kelterei ab Mitte September Äpfel annimmt, aber der Süße steht bereits in der ersten Septemberwoche im Regal, stimmt da was nicht", stellt sie fest. „Dann muss ich mich als Verbraucher doch auch mal fragen, wo der Apfel für den Saft überhaupt herkommt. Denn das sollte schon klar sein. Wenn das ein ‚hessischer Süßer' sein soll, dann darf da auch kein Bodenseeapfel rein."

Natürlich kommen auch Bodenseeäpfel in die Pressen der Kelterei Müller, das lässt sich nicht immer vermeiden. Auch wenn die Wetterau im Herbst eigentlich voll mit Äpfeln ist, in manchen Jahren reicht es einfach nicht. Witterung, Alternanz, Frostspanner – ob die Ernte am Ende üppig ist oder nicht, hängt von vielen Faktoren ab. Wenn es nicht genug Äpfel in der Region gibt, werden die Silos eben mit Äpfeln aus andern Bundesländern gefüllt. Solange genug Mostäpfel dabei sind, ist das ja auch kein Problem. „Aber beim Süßen gibt's das hier nicht", sagt Birgit Müller-Lindenau, und wir sind geneigt, ihr zu glauben. Transparenz scheint in diesem Betrieb eine wichtige Rolle zu spielen. Vielleicht scheint das auch so, weil wir hier den industriellen Produktionsweg vom Apfel bis zum Apfelwein bis ins Kleinste erklärt bekommen. Mit allem, was dazugehört, wenn man einen Apfelwein herstellt, der sich geschmacklich und optisch nicht verändern darf, selbst wenn eine Flasche im Supermarktregal etwas länger darauf warten sollte, verkauft zu werden. Von der Fermentation, um die Pektinstruktur im Saft aufzubrechen, über die Schönung mit Bentonit, um Trubmoleküle herauszuholen, bis zur Filtration mittels Kieselgur und Gelatine, um den Wein vor der Füllung klar zu bekommen. Die Erklärung ist vorbildlich, genauso wie die Offenheit, die Selbstverständlichkeit, mit der uns Kelterreimeister Eckhard Heil-Küffner Themen auseinandersetzt und Vorgänge erklärt, die in anderen Betrieben höchstens angedeutet werden. Vielleicht weil viele, die sich noch an Opas Apfelwein erinnern, der im Glasballon im Keller vor sich hin blubberte, dem industriell hergestellten Apfelwein ein Stück weit misstrauen.

Heute ist die Kelterei Müller die einzige im Umkreis. Es ist nicht lange her, da gab es allein in Butzbach-Ostheim vier Keltereien. Vor gut 100 Jahren, 1905, als die Kelterei gegründet wurde, war Apfelwein in der Wetterau selbstverständlich, das ist heute anders. Auch wenn weniger Konkurrenz die eigene

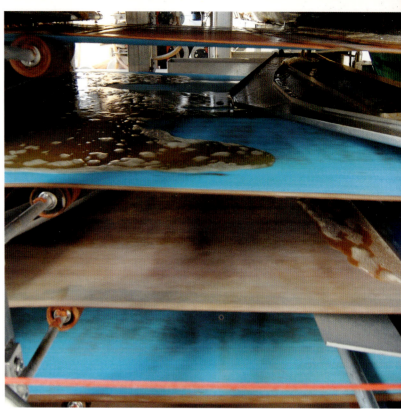

Position stärkt, wissen die Müllers, dass sie sich darüber nicht nur freuen können. Das Wegsterben kleiner und mittelständischer Betriebe ist schon lange ein Problem, mit dem sich alle in der Branche auseinandersetzen müssen. Zum Einzugsgebiet der Kelterei zählen die Wetterau, Gießen und Marburg und Städte in der direkten Umgebung von Frankfurt. Aber nach Frankfurt selbst kommen die Müllers mit ihrem Apfelwein nicht. „Da sitzen die Großen, die haben den Markt besetzt", sagt Birgit Müller-Lindenau. Man bezieht sich also auf die mehr oder weniger direkte Umgebung. Egal, ob Not oder Tugend, das passt zur Unternehmensphilosophie und zum allgemeinen Credo der Apfelweinbranche: In der Region, aus der Region, für die Region. Und über die Region hinaus? „Bundesweit haben wir weder Bedeutung noch Ambitionen. Apfelwein spielt außerhalb Hessens keine Rolle und mit den großen Saftherstellern können wir nicht konkurrieren", erklärt die Getränketechnologin.

Um die Verbundenheit mit der Region und ihren Früchten zu unterstreichen, arbeiten die Müllers eng mit den Pomologen der Gegend zusammen. Für die im Jahr 2006 angepflanzte „Pomologenwiese" außerhalb Ostheims haben die Apfelkundler aus der Gegend die Sortenauswahl getroffen. Dabei wurde der Dorheimer Streifling besonders berücksichtigt, eine lokale Mostsorte. Die regionale Verbundenheit erkennt man auch zur Erntezeit, wenn die Kleingärtner kommen, um ihre Apfelernte abzugeben. Wer Obst bringt, bekommt im Lauf des Jahres entsprechend der Erntemenge Saft und Wein billiger. Das ist abgewandelte, aber im Kern traditionelle Lohnmosterei.

Vorherige Seiten:
Keltereimeister Eckhard Heil-Küffner überwacht den Herstellungsprozess von der Apfelanlieferung bis zur Abfüllung.

Links:
Im Alten Saal der Kelterei kann man in ursprünglicher Atmosphäre Apfelwein und Herzhaftes genießen.

kelterei müller

Speierling Apfelwein

Analyse

vorhandener Alkohol	%vol 6,6
Gesamtsäure	g/l 4,3
Gesamtphenole	mg/l 356

Sensorik

Farbe	helles Gelb
Geruch	leicht aromatisch
Geschmack	Ein leichter Sommerschoppen, trocken.

Kelterei Müller
Hauptstraße 47
35510 Butzbach-Ostheim
Telefon: 06033 97400
www.kelterei-mueller.de

rapp's kelterei
Die Saftmacher.
Wie aus einer kleinen Kelterei Hessens größter Fruchtsaftbetrieb wurde.

Renate Ruf *bekleidet in der Kelterei das Amt der Pressesprecherin. Ihre Liebe zum Stöffchen kommt aber nicht von Amts wegen, die empfindet sie seit jeher.*

Eigentlich dreht sich in der Kelterei Rapp´s alles um Saft und keineswegs nur um Apfelsaft. Die Palette der Wetterauer umfasst Orangensaft, Multivitaminsaft, Grapefruitsaft, Traubensaft, Ananassaft, Johannisbeersaft, Maracujasaft, Kirschsaft und noch viele mehr. Mischungen wie „Rosige Zeiten", „Sanft wie Seide", „Guten Morgen Saft" und „Lebensfreude pur" versprechen Trinkgenuss und zielen auf eine ernährungsbewusste Kundschaft. Auch wenn die Anzahl der Fruchtsaftsorten von Hessens größtem Safthersteller mittlerweile mehr als 30 beträgt: Rapp´s steht in Hessen nicht nur für alkoholfreie Durstlöscher, sondern auch für Apfelwein. Die Vermutung liegt nahe, dass bei all der Saftvielfalt das Stöffche keinen nennenswerten Stellenwert im Unternehmen hat. Ist dem so? „Im Gegenteil!", so die Antwort von Renate Ruf, Pressesprecherin der Kelterei: „Der Apfelwein ist die Keimzelle des Unternehmens und daher für uns sehr wichtig. Wir setzen zwar mehr an Fruchtsäften ab, aber Apfelwein ist für uns ein absolut relevantes Produkt. Schließlich hat damit ja alles angefangen." Der Anfang, das war 1977. Damals schlossen sich zwei Betriebe aus Bad Vilbel, die Venusquelle und die Rapp´s Wetterauer Goldkelterei, zusammen. Beide Unternehmen nannten sich nach dem Zusammengang „Rapp´s Kelterei". 1991 übernahm die März-Gruppe den Betrieb, zu der bereits einige große Brauereien und Mineralbrunnen gehörten. Als sich diese Unternehmensgruppe 1996 auflöste, kaufte die Hassia Mineralquellen Kelterei zu ihren bereits bestehenden 25% die restlichen Anteile hinzu. Von Stund an war die Kelterei eine 100%ige Hassiatochter. Und ist es bis heute.

Mehr als 60 Mitarbeiter sorgen dafür, dass alles rund läuft, von der Verwaltung über die Produktion bis zur Füllung. Seitdem Logistik und Füllung der Kelterei Höhl mit übernommen wurden, hat der Betrieb nochmals zugelegt, ist das Aufkommen der an- und abfahrenden Lkws und der Paletten hin- und herfahrenden Gabelstapler enorm. Die Größe der Abfüllanlage ist gigantisch, der Lärm der Maschinen und klirrenden Glasflaschen, die auf Fließbändern durch allerlei Apparaturen zur Reinigung, Füllung, Kurzzeiterhitzung bis zur Verpackung transportiert werden, ist ohrenbetäubend. Trotz des wirtschaftlichen Hintergrundes des Unternehmens, der es zuließe, werbeaktiv neue Apfelweinmärkte zu erschließen, sieht Renate Ruf die Möglichkeiten einer bundesweiten Apfelweinvermarktung eher skeptisch und schiebt das auf die geschmackliche Eigenart des Stöffchens:

„Das dürfte nicht einfach sein", sagt sie. „Der Apfelwein ist ein gewöhnungsbedürftiges Getränk. Entweder man liebt ihn oder man liebt ihn nicht." Bundesweit fragten eigentlich nur Exilhessen nach Bezugsquellen. Natürlich sei es wichtig, den Absatz zu mehren, aber es sei nun einmal einfacher, den regionalen Markt zu bearbeiten. „Der Apfelwein ist Teil des regionalen Bewusstseins. Es ist doch herrlich, Produkte zu kaufen, die aus der Region kommen. Die Landwirtschaft in Hessen bringt so tolle Sachen hervor. Warum sollte ich denn etwa Äpfel aus Neuseeland essen? Ich stehe dazu, Produkte zu kaufen, die aus Hessen kommen", sagt die Pressesprecherin. Das klingt ein bisschen nach einem Werbeslogan, ist aber an sich völlig richtig. Apfelwein als Teil des regionalen Bewusstseins – weil das hier großgeschrieben wird, kann in der Keltersaison jeder, der mag, seine Apfelernte zur Kelterei Rapp´s bringen – ab fünf Kilo werden Äpfel angenommen. „Dieses Lohnmostverfahren ist bei uns eine schöne Tradition", erläutert Renate Ruf. „Private Kleingärtner oder Obst- und Gartenbauvereine – im Herbst bekommen wir jede Menge Äpfel von den Leuten aus der Region geliefert. Wer uns Obst bringt, kann bei bestimmten Getränkehändlern in der Region verbilligt alle Rapp´s Produkte kaufen." Wer die Apfelweine der Kelterei Rapp´s probiert, stellt schnell fest, dass die jedenfalls gar nicht so gewöhnungsbedürftig, sondern ausgesprochen ausgewogen und rund schmecken. Auch der kräftigste im Angebot, Rapp´s No. 1, ein glanzklarer Apfelwein mit leicht herbem Aroma, kann im Vergleich mit Produkten anderer Hersteller als mild und recht gefällig bezeichnet werden, mit einem guten Anteil von Restsüße und angenehmer Säure. Einsteigern macht man es mit so einem Apfelwein bestimmt nicht schwer. Und das ist ja auch gut so.

Linke Seite:
Riesiges Lager,
gigantische
Produktionsanlage.
Nirgends in Hessen
wird mehr Fruchtsaft
hergestellt und
abgefüllt als hier.

rapp´s kelterei

Meisterschoppen Naturtrüb

Analyse

vorhandener Alkohol	%vol 5,9
Gesamtsäure	g/l 5,7
Gesamtphenole	mg/l 368

Sensorik

Farbe	charakteristische, starke Trübung
Geruch	feiner Duft nach Äpfeln.
Geschmack	harmonisch, restsüß

Rapp´s Kelterei
Brunnenstraße 1
61184 Karben

Telefon: 06039 9194-0

www.rapps.de

rhönschafhotel
Ein Rhöner geht seinen Weg.
Wie Jürgen Krenzer sich neu erfand, alles auf den Apfelwein setzte und gewann.

Jürgen Krenzer kämpft mit Herz, Seele und Verstand für den Erhalt regionaler Spezialitäten.

Als Jürgen Krenzer 1988 das Hotel „Zur Krone" in Seiferts in der Rhön von seiner Mutter übernahm, wusste er, dass er den eingeführten Betrieb von den Füßen auf den Kopf und wieder auf die Füße stellen musste, wollte er langfristig Erfolg haben – und den Spaß an der Arbeit dabei nicht verlieren. In der Endphase des Gruseltourismus an die deutsch-deutsche Grenze, als noch Horden von Reisegruppen in die gastronomischen Betriebe gespült wurden, um Jägerschnitzel, Wiener Schnitzel, Zigeunerschnitzel, Ungarische Gulaschsuppe oder Serbischen Bohneneintopf zu bestellen, nahm der diplomierte Koch diese Dauerbrenner, die das gastronomische Einerlei der deutschen Provinz in den 1990er Jahren ausmachten, von der Karte und ersetzte sie durch regionale Rhöner Gerichte. Nicht mit einem Schlag, aber konsequent und Stück für Stück. Die Hackfleischkrautpfanne für die Schweinelendchen, Weißbiergulasch vom Rhöner Weideochsen für das Rumpsteak. Das Regionaltypische ersetzte das Austauschbare. Immer, wenn er ein Gericht mit Zutaten ausschließlich aus der Region zubereiten konnte, nahm er es auf die Karte. Schweineschnitzel in Apfeltresterkruste, geschnetzelte Lammleber in Apfelsherry-Sahne, Bachforelle in Apfelweinteig gebacken und anderes mehr. Endlich konnte der tatenhungrige Koch das Profil der „Krone" schärfen. Wenngleich die Idee auch verfing, Jürgen Krenzer musste sowohl im eigenen Haus als auch bei der Kundschaft Überzeugungsarbeit leisten. Und diejenigen, die auf Schnitzel partout nicht verzichten wollten, wanderten in andere Restaurants ab. „Dank der Wende kamen per saldo aber genauso viele, nur andere Gäste. Die Leute waren neugierig auf unsere Küche", erinnert er sich.

Heute ist in Krenzers Restaurant eine Küche etabliert, in der ausschließlich regionale und saisonale Produkte verwendet werden. Bezogen werden diese aus der direkten Umgebung. Bevor das Rhönschaf von Gastronomen entdeckt wurde, war der Bestand bedroht. Dadurch, dass es in Restaurants wie der „Krone" auf die Speisekarte geschrieben wurde, ist der Bestand heute sicher. Was paradox klingt, funktioniert: Artenschutz durch Genuss. „Wir kochen nicht auf hohem Gourmetniveau, aber wir kochen ordentlich. Wir nehmen die besten Produkte, die wir bekommen können, und versuchen, in unserer Küche das Beste daraus zu machen", charakterisiert Krenzer die „Kronen"-Küche. Tütensoßen und Fertigwürze sind natürlich tabu. Jürgen Krenzer ist ein Kind der Rhön und mit seiner Heimat eng verbunden. Sonst hätte er den Gasthof auch nicht weiterführen können. Eigentlich war er schon auf

rechte Seite: Sherrykeller und Apfelladen. Hier kann wahre Glücksmomente erleben, wer erfahren möchte, was alles aus einem Apfel werden kann.

dem Sprung nach Hamburg, zu einem großen Unternehmen der Nahrungsmittelindustrie, als seine Mutter ihn fragte, ob er den Betrieb übernehmen wolle. Wir haben ganz einfach angefangen und haben nach und nach, wenn das Geld reinkam, investiert", erinnert er sich heute. So kam es neun Jahre nach der Neuerfindung der „Krone" zum Bau der Rhöner Schaukelterei. Hinter dem Gasthaus gelegen, sollte das Gebäude eigentlich ein Pensionshaus werden, mit Wellnessbereich und Tagungsraum. Doch Krenzer bog in letzter Minute die Baupläne um, gab den Architekten einen Korb und plante neu. Eine Apfelweinstube, eine Wohnung für die Mutter und die Schaukelterei – das sollte es sein. „Ich wusste, dass ich mit der Kelterei erst mal nicht viel Geld verdienen würde. Mit den paar Litern Apfelwein kann man nicht mithalten mit anderen Produzenten." Verglichen mit den Mengen der Großkeltereien, sind die Mengen, die in Jürgen Krenzers Kelterei hergestellt werden, natürlich unbedeutend. Aber hier geht es auch gar nicht um Masse. ‚Kantiger Bohnapfel', Trierer Weinapfel, Karmeliterrenette, Baumgarten-Cuvée, ‚Altweibersommerschoppen mit Holunder' und mehr – mit 15 bis 20 Apfelweinen, die hier jährlich hergestellt werden, demonstriert Jürgen Krenzer die Vielfalt, die ihm die unterschiedlichen Apfelsorten bieten. Krenzer lagert seine Weine in Edelstahltanks bei einer Temperatur von fünf Grad Celsius. Die niedrige Temperatur bindet die Kohlensäure im Apfelwein, so behält er über das Jahr seinen frischen Charakter.

Die zweite große Apfelleidenschaft des Chefs in der „Krone" ist der Apfelsherry. Als experimentierfreudiger Halbstarker hat er ihn per Zufall hergestellt, heute – immer noch genauso experimentierfreudig – sind es 15 bis 20 Sorten, die Krenzer anbietet.

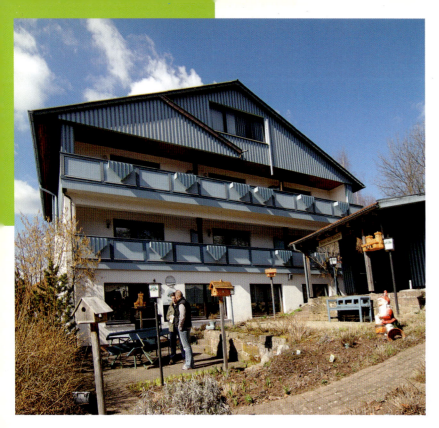

Seine Sherrys baut Jürgen Krenzer trocken, halbtrocken und lieblich aus, zudem experimentiert er mit der Zugabe von Quitte und anderen Früchten sowie der Lagerung in verschiedenen Holzfässern. Zu den sehr reizvollen Spezialitäten zählt der Sherry, der ein Jahr in einem Barriquefass gereift ist. Krenzer ist mit Recht stolz auf das füllig aromatische Getränk, das durch die Lagerung im Eichenfass angenehm an Gerbstoffen zugelegt hat. Jürgen Krenzer leistet einiges für den Erhalt der regionalen Apfelsorten. Hier gilt, wie in der „Kronen"-Küche auch: Sortenerhalt und Naturschutz durch Genuss. Was Produzenten in den Keltereien verarbeiten und verkaufen, wird auch angebaut. Alte Apfelsorten bleiben so erhalten oder werden wieder angebaut. Der Stellenwert, den Jürgen Krenzer und andere Produzenten dem Apfelwein einräumen, wird ihm landesweit jedoch noch lange nicht zuteil.

Um dem Getränk endlich die Aufmerksamkeit zu verschaffen, die ihm gebührt, hat er mit anderen Kelterern die Unternehmenskooperative der hessischen Wirtshauskelterer gegründet. Gemeinsam polieren die Wirte engagiert und erfolgreich das Image des Apfelweins auf und sorgen mit ihren Weinen für Aufmerksamkeit. „Dieses Getränk ist es einfach wert, dass es professioneller behandelt wird. Und das ist momentan in diesem Land leider nicht immer der Fall. Selbst die Leute aus dem Landwirtschaftsministerium, die Hessen mit Akzent auf seine regionalen Spezialitäten national und international positionieren und präsentieren, setzen derzeit anscheinend nicht auf den Apfelwein. Die überlegen, wie man Hessen vermarkten kann, aber der Apfelwein spielt dabei nicht die gebührende Rolle. Dabei ist der Apfelwein doch das älteste Kulturgetränk, das wir Hessen haben!"

Oben rechts:
Rhönschaf, Rhönforelle, Spatzeklöß – schmackhafte Vielfalt mit regionalem Bezug.

Unten rechts:
5 Grad im Kühllager. Es friert den Besucher, aber die Apfelweine bleiben lange frisch und behalten einen jugendlichen Charakter.

rhönschafhotel

Karmeliter Renette 2006

Analyse

vorhandener Alkohol	%vol 6,2
Gesamtsäure	g/l 5,1
Gesamtphenole	mg/l 299

Sensorik

Farbe	eher helles Gelb
Geruch	grüne Frucht
Geschmack	frischer Apfel, leichter Hefeton, trocken.

Rhönschafhotel Zur Krone
Eisenacher Straße 24
36115 Ehrenberg-Seiferts
Telefon: 06683 96340
www.rhoenerlebnis.de

kelterei trageser

Hopp, hopp, hopp.
Schoppe in de Box.

*Sorgen dafür, dass auch im Osten Hessens eifrig Apfelwein getrunken wird: **Christoph** und **Günter Tautges**, Junior- und Seniorchef der Kelterei Trageser.*

Günter Tautges erinnert sich noch gut an die Anfangszeit der Kelterei Trageser. Otto Trageser, Firmengründer und Schwiegervater des heutigen Firmenseniors, hatte 1949 im ganz kleinen Stil begonnen. Produziert wurde zu Hause, etwa das Spülen der Flaschen in der Waschküche erledigt. An einer Packpresse wurde in drei Schichten rund um die Uhr gearbeitet. „Als ich hier angefangen habe, habe ich mein ganzes Herzblut in den Apfelwein gesteckt. Und früher war die Arbeit wirklich kein Zuckerschlecken. Selbst nachts habe ich im Keller gesessen und aufgepasst, dass die Presse funktioniert", erinnert sich Günter Tautges. Heute ist die Arbeit weit weniger anstrengend, den größten Teil übernimmt die pneumatische Tankpresse, die pro Stunde fünf Tonnen Äpfel verarbeiten kann. Im Herbst, wenn das Obst angeliefert wird, kann sich der Senior ganz auf die Annahme und die Kontrolle konzentrieren. Am Sortierband werden die Äpfel handverlesen. „Faule Äpfel sortiere ich sofort aus", sagt er. „Aber in der Regel bringen die Leute gutes Obst. Und wenn mir einer mal schlechtes Obst andrehen will, habe ich die passenden Worte parat. Das macht der sicher nicht noch mal." Rund 3.500 private Lohnmostkunden hat die Kelterei in der Kartei, „und die meisten kommen wirklich jedes Jahr". Trotzdem: Das Geschäft mit den Lohnmostkunden ist rückläufig.

Das Interesse an der Arbeit mit den Bäumen sei gerade in der jüngeren Generation nicht vorhanden. Juniorchef Christoph Tautges sieht es mit Bedauern: „Es macht sich ja keiner mehr die Arbeit, die Bäume richtig zu pflegen und die Äpfel abzuernten. In zehn Jahren werden wir ein Problem haben, weil es hier immer weniger tragende Apfelbäume geben wird. Die Arbeit rentiert sich für die Leute einfach nicht. Und wenn man dann nicht die richtige Einstellung hat, lässt man das Obst halt liegen." Wäre es dann nicht die beste Lösung, mehr für das angelieferte Obst zu bezahlen? „Wir können nicht mehr als sechs Euro für den Zentner zahlen", sagt Christoph Tautges, „weil wir die höheren Preise nicht an unsere Kunden weitergeben könnten. Und trotzdem: Die Alten kraxeln über ihre Äcker, um die Äpfel von den Bäumen zu pflücken und zu uns zu bringen. Die kommen eben aus einer Generation, in der man Lebensmittel nicht verderben ließ." Tautges junior erinnert sich an einen jungen Anrufer aus Frankfurt, dem er vor einiger Zeit erklären musste, dass es tatsächlich einen Unterschied zwischen Streuobst und Fallobst gibt. „Der dachte, Streuobst sei das, was auf der Wiese herumliegt, wenn es vom Baum gefallen ist.

Es erschwert die Vermarktung des Apfelweins ungeheuerlich, wenn man so viel erklären muss. Diese Unkenntnis führt ja auch dazu, dass den Leuten das ganze System Lohnmostkelterei total fremd ist."

Hat das Obst den Weg in die Kelterei gefunden, ist verarbeitet und die Apfelweine reifen in den Gärtanks im Keller, ist es Günter Tautges Aufgabe, dafür zu sorgen, dass sie sich in die richtige Richtung entwickeln. „Fruchtig, mit charakteristischer, aber nicht zu starker Säure – so mögen es unsere Kunden am liebsten." Nach Zugabe einer Reinzuchthefe reift der Wein innerhalb von sechs Wochen. Auch wenn immer wieder mal Kunden anrufen, die „ein bisschen meckern", dass der Apfelwein anders schmecke als im letzten Jahr, erlauben sich die Tautges kleine Schwankungen im Geschmack: „Apfelwein ist eben ein naturbelassenes Getränk", sagt der Senior. „Das ist ja keine Cola. Wir verwenden auch kein Apfelsaftkonzentrat und haben kein immer gleiches Rezept, nach dem wir vorgehen. Säure- und Zuckerwerte schwanken, das ist ganz normal." Auf der Suche nach einem Weg, den stagnierenden Apfelweinmarkt wieder zu beleben, ist man auch in der Kelterei Tautges immer auf der Suche nach Innovationen und dem Besonderen. Eine dieser Besonderheiten ist der alkoholfreie Apfelwein, den die Kelterei Trageser im Angebot hat. Produziert wird der von der schwäbischen Bittenfelder Fruchtsäfte GmbH, der Vertrieb läuft über die Familie Tautges. Verglichen mit einem ‚normalen' Apfelwein, der zwischen 5,5 und 6,5 Volumenprozent hat, kommt das entalkoholisierte Stöffchen natürlich ein bisschen flach daher, aber gut gekühlt und aufgespritzt mit einem guten Schuss Sprudelwasser ist es eine durchaus trinkbare, erfrischende Angelegenheit. Auch wenn der große Erfolg für den Entalkoholisierten bis heute ausgeblieben ist, rechnet sich Christoph Tautges noch gute Chancen für die Zukunft aus: „Die große Revolution haben wir zwar noch nicht erlebt, aber die Leute trinken ja immer weniger Alkohol. Wir verkaufen davon im Jahr rund 30.000 Flaschen. Das ist schon nicht wenig, aber da ist noch Wachstum drin." Eine andere ‚Spezialität des Hauses' ist das fünf Liter fassende Bag-in-Box-System. Der Apfelwein wird in einen Weinschlauch gefüllt, der sich in einer Pappschachtel befindet. Je mehr Apfelwein abgezapft wird, desto mehr fällt der Weinschlauch in sich zusammen. So wird der Kontakt des Apfelweins mit Luftsauerstoff weitestgehend vermieden. „Damit leisten wir wirklich ein Stückchen Pionierarbeit", sagt Christoph Tautges. Sechs Wochen soll man damit Apfelwein zapfen können, ohne dass dieser sich verändert. Ganz so lange haben wir bei unserem Selbstversuch den Freigerichter Schoppen nicht angebrochen stehen lassen. Aber während der zehn Tage, die es gedauert hat, bis wir den kleinen Kasten leer gezapft hatten, blieb der Apfelwein in der Tat im Geschmack unverändert. ♥

kelterei trageser

Freigerichter Urschoppen Naturtrüb

Analyse

vorhandener Alkohol	%vol 6,3
Gesamtsäure	g/l 4,05
Gesamtphenole	mg/l 521

Sensorik

Farbe	eher helles Gelb
Geruch	leicht aromatisch
Geschmack	leicht alkoholisch

Kelterei Trageser
Somborner Straße 17
63579 Freigericht Altenmittlau
Telefon: 06055 2531
www.kelterei-trageser.de

Schafnase
(Naht-Apfel.)

Champagner-Reinette.
(Reinette de Champagne.)

mainäppelhaus lohrberg

Streuobstzentrum auf Frankfurts Hausberg.
Großes Angebot rund um Streuobst und Gartenbau.

Nicola Koczy-Reuther und *Karsten Liebelt:* *Sie ist im Streuobstverein zuständig für die Öffentlichkeitsarbeit des Vereins, er leitet den Beratungsgarten auf dem Lohrberg und geizt nicht mit wertvollen Tipps für den Gartenbau.*

Das Mainäppelhaus auf dem Frankfurter Lohrberg ist die Anlaufstelle für jeden, der sich rund um Obst- und Gemüseanbau, Sortenauswahl sowie Boden- und Pflanzenpflege informieren möchte.

Das Gelände des Beratungsgartens des Streuobstzentrums war früher Bestandteil des städtischen Weinberges. Heute gibt es am Lohrberger Hang immerhin noch einen guten Hektar Rebfläche, verpachtet an einen Rheingauer Winzer, der hier Wein für das Weingut der Stadt Frankfurt anbaut und jährlich etwa 10.000 Flaschen Riesling abfüllt.

2003 schlossen sich mehrere Streuobstinitiativen zusammen und gründeten das Mainäppelhaus als gemeinnützigen Verein. Das Ziel ist, einen Treffpunkt und ein gemeinsames Organisationszentrum für die vielfältigen Aktivitäten zu haben. Seit 2005 betreibt der Verein den zwei Hektar großen Beratungsgarten auf dem Lohrberg, in dem sich jeder Besucher vor Ort praxisnah und anschaulich informieren kann. Ein breites Angebot von Veranstaltungen rund um den Obstbau und den Lebensraum Streuobstwiese, etwa Exkursionen durch die Streuobstwiesen am Berger Südhang, das jährlich wiederkehrende Apfelblütenfest, vogelkundliche Beobachtungen, Vorträge, Seminare sowie spezielle Kurse und Veranstaltungen für Kinder vermitteln ein Gefühl für die stadtnahen Biotope und ihre Besonderheiten. Neben der Beratungsarbeit für Hobbygärtner und der konkreten Unterstützung bei der Landschaftspflege (Bäume schneiden, Finanzierungen auftreiben, Helfer finden, die zum Beispiel den Baumschnitt kompetent übernehmen) sind die Angebote für Kinder im Mainäppelhaus Schwerpunkt und Herzensangelegenheit. Für seine intensiven Bemühungen, Kindern Streuobstwiesen als Naturphänomen und Kulturgut nahezubringen, wurde der Verein 2006 mit dem Frankfurter Bruno H. Schubert-Preis ausgezeichnet. Der Hofladen, in dem eine kleine Auswahl regionaler Produkte und das Obst der Saison verkauft werden, sowie das Äppel-Bistro, wo man Herzhaft-Hessisches zu sich nehmen kann, runden das Naturerlebnis im Beratungsgarten ab.

Nicht mit dem erhobenen Zeigefinger und durch strenge Verbote wird im Mainäpplhaus Naturschutz betrieben, sondern über den Genuss und die persönliche Vermittlung. Und womit können regionale Identifizierung, Esskultur und Lebensfreude besser vermittelt werden als mit Äpfeln und Apfelwein? Deswegen gibt es hier auch nicht irgendein Stöffche im Ausschank, sondern natürlich ein selbstgemachtes. Die Produktion steckt zwar noch in den Kinderschuhen, aber die Ergebnisse aus dem ersten Produktionsjahr 2006 können sich durchaus schon sehen lassen.

mainäppelhaus lohrberg

Tipps zur Pflanzung eines Obstbaumes

Pflanzabstände großzügig bemessen: Mindestens acht, besser neun Meter zwischen den Bäumen.

Standortbezogene Sorten: Soll der Baum im geschützten Hausgarten stehen oder auf einer Streuobstwiese in Höhenlage?

Verwendungszweck: Soll es ein Apfel für den Frischverzehr sein, ein Apfel, der über den Winter gelagert werden kann oder einer, der sich für die Apfelweinbereitung eignet?

Ausreichend Platz für das Wurzelwerk. Das Loch muss nicht viel größer als die Wurzel sein, sollte aber auch nicht zu eng bemessen sein.

Schutz vor Wühlmäusen: Gerade auf der Streuobstwiese wird ein Wühlmausdraht um die Wurzel empfohlen.

Während der ersten Jahre sollte ein Pflanzpflock dem Baum Stabilität verleihen.

Ein Wildverbissschutz schützt die Rinde des Baumes.

Herbstpflanzung besser als Frühjahrspflanzung: Die Bäume wachsen im Herbst leichter an und sind besser mit Feuchtigkeit versorgt.

Faustregeln für den Obstbaumschnitt

Pflanzschnitt bereits in der Baumschule vornehmen lassen: Am Baum sollten nicht mehr als vier dicke Seitenäste erzogen werden. Obst wächst nicht am dicken Ast, sondern an der seitlichen Verzweigung.

Erziehungsschnitt während der ersten 5 Jahre: Die ausgewählten Seitenäste sollte man immer wieder einkürzen. Je nach Triebstärke, um die hälfte, bis zwei drittel, einmal im Jahr oder alle zwei Jahre. Geschnitten wird ca. 1 cm oberhalb eines nach außen liegenden Triebes. Wichtig: die Äste in etwa in der gleichen Höhe schneiden.

Obere Kronenpartie des Baumes schmaler als die untere: Der Baum neigt sonst zur Überbauung. Der Saft steigt im Baum zuerst in die Spitzen. Wenn oben dickere Äste sind als unten, verkümmert der untere Teil. Dicke Äste im Kronenbereich frühzeitig herausnehmen oder ganz kurz schneiden.

Umfangreichere Schnittmaßnahmen am besten im späten Sommer: So kann der Baum bis zum Ende der Vegetationsperiode Wundgewebe an der Schnittstelle bilden.

Wassertriebe (bis ca. Daumendurchmesser) kann man problemlos reißen. Die Wunde verheilt schneller als eine Schnittwunde. Der Triebring sollte mit herausgerissen werden. Der Ast, der gerissen werden soll, sollte nicht stärker als halb so stark sein, wie der Ast, an dem er wächst.

Mainäppelhaus Lohrberg | Klingenweg 90 | 60389 Frankfurt | Telefon: 069 479994 | www.mainaeppelhauslohrberg.de

Danziger Kantapfel.

Winter-Goldparmäne.

apfelweinbraten
marrnbayerisch
utwurstknödelca
eldsalatforelleg
ehandkäshandkä
underrösterkalb
ussapfelpraline
kenrinderfiletri
tbarbenfiletsch

rezepte

pfelsch
cremebl
nellonif
ünesoss
tatarhol
rückenn
nderbac
pchenro
einefilet

Die Klassiker

Mit dem Apfelwein werden in Hessen einige klassische Rezepte verbunden, der Vollständigkeit halber sind sie hier aufgeführt. Natürlich hat sich die regionale Hessische Küche weiter entwickelt und wird vielerorts ideenreich neu interpretiert. Die angeführten vier Rezepte stehen sozusagen für die Wurzeln, da sich diese Gerichte aus den Schankstuben der damals noch zahlreichen Keltereien entwickelt haben.

Ob das Kraut mit einem Rippchen, oder mit Haspel, Schäufelche oder Leiterche kombiniert, ob dazu Brot oder Püree gereicht wird, ist letztlich eine Frage des Appetits. Eine Grüne Soße lässt sich mit Tafelspitz oder dem „Bürgermeisterstückchen" (Endstück eines Filets) zu einer wahren Delikatesse steigern, ursprünglich waren es eben die hart gekochten Eier.

Eines haben alle Varianten dieser Klassiker gemeinsam, sie passen hervorragend zum Apfelwein!

Handkäs' mit Musik

ZUTATEN
4 Handkäs´
1 große Zwiebel
3 Esslöffel Essig
4 Esslöffel Öl
Salz, Pfeffer, Kümmel nach Wunsch

Der Handkäs' mit Musik – also mit Zwiebel, Essig und Öl – ist vielleicht das ursprünglichste aller Gerichte. Auf den Teller kam er erstmals in den Heckenwirtschaften der Apfelweinkelterer. Große Küchen hatten diese nicht zur Verfügung. Die Zubereitung musste deshalb einfach und schnell gehen.

Zubereitung

Den Handkäs' auf einen Teller legen. Aus Essig, Öl, Salz und den Gewürzen eine Marinade bereiten. Zwiebel in Würfel schneiden und untermischen. Alles über den Handkäs´ gießen und etwa eine Stunde ziehen lassen.

Wie man einen Handkäs´ isst?

Keinesfalls mit Messer und Gabel – das nämlich würde den Esser als absolut ahnungslos in Bezug auf die kulinarische Konventionen ausweisen.

Der Handkäs´ wird traditionell nur mit einem Messer serviert. Mit diesem wird er in schmale Scheiben geschnitten und auf einer dick mit Butter bestrichenen Brotscheibe platziert. Ebenfalls mit dem Messer werden dann die Zwiebeln mit Essig und Öl auf den Käse gehäuft.

Rippchen mit Kraut

ZUTATEN
Kraut
Zutaten:
1 kg Sauerkraut, am besten frisch aus dem Fass
1 Apfel
1 Zwiebel
100 g Speck
20 g Schmalz
Kümmel
Senfkörner
Weißer Pfeffer

Zubereitung

Das Schmalz in einem Topf erhitzen, Zwiebel in kleine Würfel schneiden und glasig dünsten. Den Speck anrösten und das Sauerkraut dazugeben. Den Apfel in Scheiben schneiden und zusammen mit Kümmel, Senfkörnern und Pfeffer unter das Kraut mischen. Etwas anschmoren und dann mit Wasser oder Apfelwein aufgießen. Bei kleiner Flamme ca. 30 Minuten garen.

Beim Sauerkraut sei an Witwe Bolte von Wilhelm Busch erinnert

…Eben geht mit einem Teller
Witwe Bolte in den Keller,
Daß sie von dem Sauerkohle
Eine Portion sich hole,
Wofür sie besonders schwärmt,
Wenn er wieder aufgewärmt.

Gepökelte Rippchen ins Wasser legen, kurz aufkochen. Danach auf das Kraut legen und mitgaren lassen.

Zu Rippchen mit Kraut passen Bratkartoffel oder Kartoffelpüree, ursprünglicher wird es nur mit Brot serviert.

Ein kerniger Apfelwein von der Streuobstwiese macht den Genuss perfekt.

Apfelweinbraten

ZUTATEN

- 1 Schweinenacken
- 3 l kerniger Apfelwein
- 125 ml Apfelessig
- 2 gewürfelte Äpfel
- 2 Zwiebeln
- 150 gr. Rosinen
- 2-4 cl. Calvados
- Balsamico
- Lorbeer, Wacholder, Nelken
- Salz, Pfeffer

Zubereitung

Den Nacken an der Seite zu einer Tasche aufschneiden, mit den in Calvados marinierten Äpfeln und Rosinen füllen und zunähen.

Einen Sud aus Apfelwein, Apfelessig, Lorbeer, Wacholder, Zwiebeln und Nelken bereiten. Den Nacken darin 2-3 Tage ziehen lassen. Danach scharf anbraten und im Backofen bei mittlerer Hitze gar schmoren.

Einen Teil des Apfelweinsuds, je nach gewünschter Menge, durch ein Sieb in einen Topf geben und um die Hälfte einkochen lassen. Daraus eine Sauce ziehen und mit Salz und Pfeffer abschmecken. Mit einem Schuss Calvados und etwas Balsamicoessig abschließend verfeinern.

Zum Apfelweinbraten passen sehr gut Kartoffelknödel, Rotkraut und ein Schoppen des verwendeten Apfelweins.

Frankfurter Grüne Soße

ZUTATEN

- 250 g Grüne-Soße-Kräuter (= 1 Pack)
- ¼ Liter saure Sahne
- 3 bis 4 hartgekochte Eier
- Pfeffer, Salz, Essig und Zucker.

Zubereitung

Die Kräuter unter fließendem Wasser waschen und mit einem Küchentuch vorsichtig trocken tupfen. Stengel und Wurzeln entfernen, und die Kräuter zunächst mit einem scharfen Küchenmesser in kleine Stücke schneiden, dann mit einem Wiegemesser fein hacken.

Die gehackten Kräuter mit der sauren Sahne vermischen. Die hart gekochten Eier in Würfel schneiden und ebenfalls der Soße beifügen. Zuletzt wird die Grüne Soße mit Salz, Pfeffer, Essig und Zucker abgeschmeckt. Ehe sie auf den Tisch kommt sollte sie eine Stunde durchziehen.

Die Frankfurter Grüne Soße passt besonders gut zu gekochtem Rindfleisch – Tafelspitz oder Ochsenbrust – und zu Fisch. Als vegetarisches Gericht kommt sie mit Kartoffeln und hart gekochten Eiern auf den Tisch.

„Sieben Kräuter sollt ihr sein!"

Petersilie, Borretsch, Kerbel und Sauerampfer sind die Hauptbestandteile für den Kräutermix der Frankfurter Grünen Soße, in welchem Verhältnis die restlichen Kräuter; das sind Schnittlauch, Pimpinelle und Kresse; beigemischt werden, ist je nach Jahreszeit unterschiedlich. Kaufen kann man die Kräuter für die „Grie Soß" von Ostern an auf den Wochenmärkten und im gut sortierten Gemüsehandel. Sie sind traditionell in weiße Papiertüten mit grüner Aufschrift verpackt. Auch Grüne Soße im Glas ist mittlerweile zu haben.

Zur Grünen Soße passt ein kräftiger Apfelwein, wenn sie mit Rindfleisch serviert wird. Ein milder Apfelwein ist zu empfehlen, wenn Fisch oder halbe Eier dazu gereicht werden.

Neue Rezepte zum Apfelwein

Der Apfelwein entwickelt sich immer stärker aus dem einfachen, bäuerlichen Getränk zu einem individuellen, keltereiabhängigen Produkt. Die zahlreichen neuen Wege und Ideen sind auf den vorderen Seiten dieses Buches ausführlich dargestellt. Dabei geben nicht nur die „Experimentalisten" den Ton an, auch bei den „Traditionalisten" wird der Apfelwein weiter entwickelt.

Damit einher geht auch eine neue kulinarische Akzeptanz des Apfelweins. André Großfeld, Hessens jüngster Sternekoch, ist ein großer Freund des Apfelweins und in seinem Restaurant werden regelmäßig „Apfelwein-Menüs" angeboten. Zu den von ihm eigens entwickelten Rezepten werden ausgesuchte Apfelweine angeboten; zusammen ergeben sie einen geschmacklichen Hochgenuss.

Apfelwein ist damit längst nicht mehr nur das Getränk für die einfache Apfelweinwirtschaft, der Apfelwein erobert auch die gehobene Küche.

André Großfeld ist Schüler von Alfons Schubeck. Nach mehreren Stationen bei unterschiedlichen Sterneköchen eröffnete er 2005 sein eigenes Restaurant „Großfeld" in Friedberg-Dorheim. Schon nach einem Jahr erhielt er den ersten Michelin-Stern.

Apfelschmarrn mit angemachtem Gewürz-Quark

ZUTATEN

300 ml Milch
250 g Quark
50 g Zucker
1½ Tl. Kardamom
2 Äpfel
1½ Tl. Koriander
125 g Mehl
1 El. Honig
4 Eigelbe
1 El Zucker
4 Eiweiß
1 Orange
50 g Butter
Zitronensaft, Prise Salz, Puderzucker

Der Quark

Den Quark mit den Gewürzen gut verrühren. Die Orange auspressen und den Saft ebenfalls unterrühren. Den angemachten Topfen dann in ein Tuch geben und über einem Sieb abtropfen lassen. So braucht man keine Gelatine und kann trotzdem schöne Nocken abstechen.

Der Schmarrn

Die Äpfel schälen, vierteln, entkernen, in feine Scheiben schneiden und mit Zitronen-saft beträufeln.

Milch, Zucker, Mehl und die Eigelbe zu einem glatten Teig rühren. Das Eiweiß steif schlagen und mit den Apfelscheiben unter die Masse heben.

Den Apfelteig nun in zwei großen Pfannen mit heißem Öl geben. Die Herdplatte soll-te auf halber Hitze stehen. Wenn der Teig langsam anzieht, den Pfannkuchen wenden und von der anderen Seite backen. Beide Seiten ca 5 Minuten goldbraun backen. Den fertigen Pfannkuchen mit 2 Gabeln zerteilen und mit Butter und Puderzucker in der Pfanne karamellisieren.

Anrichten

Den Schmarrn in der Pfanne servieren und den Quark separat dazu reichen.

Bayerische Creme mit Apfel

ZUTATEN

4 Blatt Gelatine
3 Eigelbe
70 g Zucker
2 Vanilleschoten
250 g Sahne
4 Äpfel (Backäpfel)
2 Tl Kirschwasser

Zubereitung

Die Äpfel halbieren und entkernen auf ein gefettetes Blech geben und bei 150°C für ca. 10 Minuten im Ofen schmoren. Die geschmorten Äpfel fein pürieren.

Die Gelatine in kaltem Wasser einweichen. Eigelb, Zucker und Vanillemark in eine Schüssel geben und mit dem Schneebesen eines Handrührgerätes so lange schlagen, bis die Masse hell und schaumig ist.

Die Gelatine ausdrücken und im Kirschwasser auflösen. Das Apfelpüree und die auf-gelöste Gelatine zur Eimasse geben. Sahne steif schlagen und unter die Masse heben.

Zuletzt die fertige Creme in Förmchen anrichten und für einige Stunden kalt stellen.

Gebackene Nuss-Apfelpraline mit Schokolade und Vanillesoße

ZUTATEN PRALINE
- 200 g Nüsse
- 200 g getrocknete Äpfel
- 200 g Schokolade
- 50 g Kakaopulver

ZUTATEN TEIG
- 250 g Mehl
- 1/8 l Milch
- 3 Eier
- 2 El Zucker

ZUTATEN SOSSE
- 1 Vanilleschote
- 200 g Sahne
- 5 Eigelbe

Schokopraline
Die Schokolade bei 35°C temperieren. Die Nüsse und die klein geschnittenen Äpfel hinzugeben. Die Masse etwas abkühlen lassen und dann zu walnussgroßen Stücken formen. Die Kugeln gut kaltstellen und eine halbe Stunde durchkühlen.

Vanillesoße
Sahne mit der ausgekratzten Vanilleschote und Zucker aufkochen. Die heiße Sahne vom Herd nehmen und schnell mit einem Schneebesen die Eigelbe einrühren.

Vorsicht: Wenn das Ei zu heiß wird, kann es schnell Rührei geben.

Der Ausbackteig
Für den Backteig die Zutaten einfach vermischen und gut würzen. Die Schokopralinen durch den Teig ziehen und in viel Öl goldbraun frittieren. Auf der Vanillesoße anrichten.

Holunderröster mit Apfel und Topfencreme

ZUTATEN HOLUNDERRÖSTER
- 1 Kg Holunderbeeren TK
- 4 Äpfel
- 200 g Zucker
- Stärke zum Binden

TOPFENCREME
- 1 Kg Quark
- 1 Tl Kardamom
- 1 Tl Koriander
- 1 El Honig
- 1 El Zucker
- 1 Orange

Holunderröster
In einem Topf den Zucker karamellisieren, die geschälten und geschnittenen Äpfel hinzugeben und leicht verkochen lassen. Die Holunderbeeren dazugeben und gut zwei Minuten kochen. Den Röster mit etwas Speisestärke abbinden.

Topfencreme
Den Quark mit den Gewürzen gut verrühren. Den Saft der Orange darunter rühren. Den angemachten Topfen in ein Tuch geben und über einem Sieb abtropfen lassen. So kann man anschließend Nocken davon abstechen.

Das Anrichten
Den Holunderröster lauwarm servieren und die Topfencreme kalt dazu anbieten.

Tatar vom Handkäs auf angemachten Brezelknödelscheiben

ZUTATEN KNÖDEL
- 4 Brezeln ca. 1kg
- 400 ml Buttermilch
- 1 Zwiebel, weiß
- 4 Eier
- 50 g Butter

ZUTATEN TARTAR
- 8 Stück Handkäs
- 1 Apfel
- ½ frische Gurke
- 1 rote Zwiebel, klein
- 100 ml Brühe

ZUTATEN VINAIGRETTE
- 50 ml Brühe
- 1 EL Senf scharf
- 2 El weißer Essig, mild
- 4 EL Öl (Nuss)

Salz, Pfeffer, Zucker, Schnittlauch oder Petersilie

Der Knödel

Die Brezeln in Würfel schneiden und kurz in Butter anrösten. Die klein geschnittene weiße Zwiebel glasig anschwitzten. Die Brezeln und Zwiebel in eine große Schüssel umfüllen. Die Masse etwas auskühlen lassen und Buttermilch und Eier hinzufügen.

Mit den frischen Kräutern leicht vermengen und mit Salz und Pfeffer würzen. Die abgeschmeckte Masse zu einer Rolle formen und stramm in Frischhaltefolie zu einer dicken Roulade rollen. Zur Stabilität die Roulade in Alufolie einrollen und pressen. Die Roulade in kochendes Salzwasser geben und 3 Minuten kochen. Den Topf vom Herd nehmen und die Roulade 30 Minuten ziehen lassen. Anschließend die fertige Roulade im Kühlschrank abkühlen lassen.

Den Knödel auspacken und in gleichmäßige dünne Scheiben schneiden. Je nach Geschmack die Scheiben kurz anbraten.

Das Tatar

Handkäs, Apfel und Gurke in kleine Würfel schneiden und in eine Schüssel geben. Die rote Zwiebel fein schneiden und kurz in Essigwasser blanchieren (100 ml Wasser, 1 El Essig). Die Zwiebel abschrecken und zum Tatar geben. Lauwarme Brühe hinzufügen und mit Salz, Pfeffer, Essig und einem Schuss Öl abschmecken. Mit frischen Kräutern verfeinern.

Die Vinaigrette

Brühe, Senf, Essig und Öl verrühren und mit frischen Kräutern verfeinern.

Das Anrichten

Den Teller-Innenrand mit dem Knödel auslegen, die Vinaigrette darüber geben. Das Tatar in die Mitte setzen und servieren.

Gebackener Blutwurstknödel auf Rotkohlpürrée mit Balsamico

ZUTATEN

500 g Kartoffeln mehlig

200 g Blutwurst

1 Ei

50 g Stärke

3 Äpfel

500 g Rotkohl

100 ml Brühe

Balsamico Crema

Zimt, Piment

Salz, Pfeffer, Meerrettich, Muskat, Majoran

Der Knödel

Die Kartoffeln in Salzwasser weich kochen und ausdampfen lassen. Anschließend zerstampfen und mit Ei und Stärke mischen. Mit Muskat und Pfeffer würzen.

Vorsicht: Die Blutwurst ist immer schon sehr würzig, lieber etwas vorsichtiger würzen.

Die Blutwurst in kleine Würfel schneiden, den Apfel fein reiben und beides mischen. Mit Majoran abschmecken.

Die Blutwurst in den Kartoffelteig einhüllen und zu runden Knödeln formen. Die Knödel dann in der Friteuse bei 170°C goldbraun backen.

Das Rotkohlpürrée

Den Rotkohl vierteln. Zwei Äpfel entkernen und vierteln. Beides auf ein Blech geben, mit Salz, Zucker, Pfeffer, Piment und ein wenig Zimt würzen. Das Ganze nun bei 150°C für eine ¾ Stunde in den Ofen schieben. Nach 25 Minuten die Brühe hinzugeben. Wenn der Kohl gar ist, alles pürieren und nochmals abschmecken.

Das Anrichten

Das Pürrée mittig anrichten und den Knödel darauf setzen. Mit der Crema de Balsamico garnieren.

Cannelloni vom Ziegenkäse mit eingelegter Rote Beete, grünem Apfel und Honig

ZUTATEN NUDELTEIG

300 g Weizenmehl

3 Eier

1 Eigelb

1 EL Olivenöl

ZUTATEN FÜLLUNG

400 g Ziegenfrischkäse

30 g Honig

400 g Rote Bete (4 Stk.)

2 grüne Äpfel

100 ml. Süßen Apfelwein

30 ml. Apfelessig

Stärke zum Binden

Honig, Salz, Pfeffer, Zucker, Muskat

Nudelteig

Mehl, Eier und Olivenöl mit Salz und Muskat würzen und zu einem glatten Teig kneten. Den Teig in Folie wickeln und für eine halbe Stunde kalt stellen.

Den Teig durch die Nudelmaschine drehen, so dass schöne Platten entstehen (ca. 5 x 5 cm). Die Platten in reichlich Salzwasser kochen und zum Auskühlen auf ein geöltes Blech legen.

Zubereitung Füllung

Den Ziegenfrischkäse mit Salz, Pfeffer und Zucker gut würzen und in einen Spritzbeutel geben. Die Nudelteigblätter mit dem Ziegenkäse zu einer Cannelloni rollen. Die Enden mit Eigelb bestreichen, damit die Roulade nicht auseinander fällt. Die fertig gerollten Cannelloni auf einen Teller geben, mit Frischhaltefolie abdecken und bei 80°C für 15 Minuten erwärmen (die Folie schmilzt nicht, sie hält 120°C aus).

Zubereitung Rote Beete

Die Rote Bete mit Wasser, Salz und Zucker weich kochen. Erst danach schälen und in ca 1x1 cm große Würfel schneiden.

Für die Marinade

3 El Zucker karamellisieren, mit Apfelwein und Essig ablöschen und aufkochen lassen. Den Sud mit Salz, Pfeffer und Honig abschmecken und mit etwas Stärke andicken. Die Äpfel schälen und auch in Zuckerwürfel große Stücke schneiden. Die Rote Beete und die Apfelwürfel in die Marinade geben.

Das Anrichten

Die Marinade leicht erwärmen und mittig auf einen Teller geben. Die Cannelloni darauf anrichten und servieren.

Lauwarme Forelle mit Apfel-Sellerie-Salat und Holunderblütenfond

ZUTATEN
- 4 Forellenfilets
- 2 Äpfel, z.B. Granny Smith
- 2 Stangen Stangensellerie
- 100 ml Holunderblütensirup
- 100 ml Gemüsefond
- 50 ml Olivenöl
- Salz, Pfeffer, Zitrone

Die Forelle

Die Filets von den Gräten befreien und die Haut abziehen. Die Haut entschuppen, und das Fischfleisch komplett abkratzen. Die Haut leicht salzen, zwischen zwei Backpapiere legen und auf ein Backblech geben. Die Haut mit einem zweiten Blech oder einem Topf beschweren. So bei 145°C ca. 15 Minuten trocknen.

Die Filets von beiden Seiten salzen und auf einen gebutterten Teller legen. Auf jedes Filet zusätzlich ein Flöckchen Butter geben. Den Teller mit Frischhaltefolie abdecken und bei 80°C für ca. 15 Minuten im Ofen garen. Heißluft ist besonders geeignet und durch die Garung unter der Folie bleibt der Fisch schön saftig und glasig.

Der Salat

Äpfel und Stangensellerie schälen und in kleine Würfelchen schneiden. Sirup, Gemüsefond und Öl zu einer Marinade verrühren. Mit Salz, Pfeffer und viel Zitrone abschmecken und mit den Würfelchen vermengen.

Das Anrichten

Den suppenartigen Salat leicht erwärmen – nicht kochen, der Salat soll schön knackig bleiben! Die lauwarmen Forellenfilets darauf anrichten und die Chips von der Haut in das Filet stecken.

Rosa gebratener Kalbsrücken mit Handkäs überbacken, dazu Rotwein-Schalotten

ZUTATEN
- 4 Stück Kalbsrücken a 200 g
- 100 g Butter
- Petersilie/ Zitrone
- ½ Flasche Portwein
- 10 g Arganöl oder Erdnussöl
- 100 g Toastbrot gerieben (oder Paniermehl)
- Salz, Zucker, Pfeffer, Thymian, Knoblauch
- 4 Stück Handkäs
- 50 g Schmand
- 10 Schalotten
- ½ Flasche Rotwein
- 50 g Butter

Die Gratiniermasse

Butter schaumig schlagen, Toastbrotbrösel und Schmand unterheben. Den Handkäse klein schneiden oder reiben und unter die Masse heben. Mit Petersilie verfeinern und mit Salz, Pfeffer und einem Spritzer Zitrone abschmecken.

Die fertige Handkäs-Gratiniermasse in Klarsichtfolie rollen und im Kühlschrank fest werden lassen.

Der Kalbsrücken

Die Scheiben von allen Seiten salzen und pfeffern, und kurz in einer Pfanne anbraten bis die Poren geschlossen sind.

Das Fleisch auf ein Gitter legen und ein Abtropfblech darunter stellen. Die Gratiniermasse auspacken in 4 mm dünne Scheiben schneiden und auf das Fleisch legen. Den Backofen nur auf Oberhitze einschalten (Maximum).

Das Fleisch auf dem Gitter/Abtropfblech in die mittlere Schiene in den Backofen schieben. Das Fleisch braucht ca. 20 bis 25 Minuten und ist fertig, wenn es rosa ist. Die Kruste sollte schön zerlaufen und goldbraun sein.

Die Rotwein-Schalotten

Die Schalotten schälen. In einem Topf drei Esslöffel Zucker karamellisieren und mit Port- und Rotwein ablöschen, um ein Drittel einkochen lassen. Die Schalotten hinzugeben und bei ständigem Rühren weich garen. Die Schalotten mit Gewürzen und Kräutern abschmecken und mit dem aromatisierten Öl abbinden.

Das Anrichten

Den Kalbsrücken auf den Teller geben und die Schalotten darum anrichten.

Roh mariniertes Rinderfilet auf Kartoffel-Kraut-Rösti mit Apfelmeerrettich

ZUTATEN

400 g Rinderfilet

100 g körniger Senf

20g Nussöl

100 ml Brühe

10 ml Essig (Apfel, Trauben)

5 cl Calvados (Apfelkorn)

600 g Kartoffel festkochend

200 g Sauerkraut aus der Dose

4 Äpfel

4 El Meerrettich aus dem Glas

Öl, Salz, Pfeffer, Muskat, Zucker frische Kräuter

Das Rinderfilet

Das Rinderfilet in 12 dünne Scheiben schneiden und auf eine Platte zum Marinieren legen. Senf, Brühe, Essig, Calvados und Nussöl zu einer Marinade glatt rühren. Mit Salz, Pfeffer und frischen Kräutern (Petersilie) abschmecken und über das Rinderfilet geben. Das Fleisch eine halbe Stunde marinieren.

Der Rösti

Die Kartoffel schälen und grob raspeln. Das Sauerkraut gut wässern und dann trockentupfen. Sauerkraut mit den Kartoffeln vermengen und mit Salz, Peffer und Muskat würzen. Die komplette Masse in ein Tuch geben und sehr gut ausdrücken.

Die Röstimasse in einer Pfanne mit viel Öl bei mittlerer Hitze von beiden Seiten fünf Minuten goldbraun backen. Die krossen Rösti zum Abtropfen auf Küchenkrepp legen.

Das Anrichten

Die Rösti abwechselnd mit dem marinierten Rinderfilet anrichten. Von der Marinade einige Tropfen zum Garnieren verwenden.

Geschmorte Rinderbacken auf Kartoffel-Lauch-Pürrée

ZUTATEN

- 2 kg Rinderbacken
- ½ Knollensellerie
- 1 Flasche Portwein
- 400 g Kartoffel mehlig
- 2 Bund Frühlingslauch
- 2 Karotten
- 4 Zwiebeln
- 1 Flasche Rotwein
- 200 g Sahne
- 2 Stangensellerie
- 5 El Öl
- 3 l Brühe
- 50 g Butter
- Salz, Pfeffer

Koriandersamen, Piment, Wacholder, Nelken, Sternanis, Speisestärke

Das Schmorgericht

Die Rinderbacken von grobem Fett befreien. Nicht komplett parieren, da das Fleisch sonst austrocknet. Karotten, Sellerie und Zwiebeln in walnussgroße Stücke schneiden (nur waschen nicht schälen).

Einen großen Topf mit Öl auf mittlerer Stufe vorheizen. Die Rinderbacken in 12 gleich große Stücke schneiden. Die Portionen von allen Seiten pfeffern und salzen und bei mittlerer Hitze von allen Seiten langsam anrösten (etwa 10 Minuten pro Seite). Das Fleisch erst wenden, wenn es sich leicht vom Topfboden lösen lässt. Das von allen Seiten goldbraun gebratene Fleisch aus dem Topf nehmen. Gemüse in den Topf geben und ebenfalls bei mittlerer Hitze etwa 30 Minuten goldbraun rösten. Alles drei- bis viermal mit Rotwein und Portwein ablöschen. Den Alkohol komplett einkochen lassen, die 12 Fleischstücke wieder hinzugeben und mit der Brühe aufgießen. Bei 150°C für ca. 45 Minuten mit geschlossenem Deckel im Ofen garen. Nach einer Stunde die Gewürze hinzugeben und nochmals 25 Minuten mit offenem Deckel fertig garen.

Das Fleisch ist fertig, wenn man leicht mit einer Gabel hineinstechen kann. Das fertige Fleisch aus dem Sud nehmen und warm stellen. Den Sud durch ein Sieb pressen und etwas einkochen lassen. Erneut abschmecken und mit etwas Stärke abbinden. Das Fleisch in die fertige Soße legen.

Kartoffel-Lauch- Pürrée

Kartoffeln schälen und in Salzwasser garen. Abgießen und 3 Minuten ausdampfen lassen. Die Kartoffeln zerstampfen und Sahne und Butter nach und nach unterrühren. Nicht zu sehr verflüssigen, da die Lauchpaste noch darunter gehoben wird.

Das Grüne vom Lauch in Ringe schneiden und in Salzwasser blanchieren, dann in Eiswasser abschrecken und gut abtrocknen. Den blanchierten Lauch nun mit einem Mixer fein pürieren und unter das heiße Kartoffelpürrée geben. Das Pürrée mit Salz, Pfeffer und Muskat würzen.

Das Anrichten

Das Pürrée mittig auf dem Teller anrichten, die Bäckchen darauf setzen und die Soße darüber geben.

Feldsalat mit Kartoffel-Speck-Dressing und Creme Brulée vom Ziegenkäse

ZUTATEN

- 4 Port. Feldsalat
- 100 g Speck
- 50 ml. Weißwein
- 1 El Senf
- 1 gekochtes Ei
- Salz, Pfeffer, Muskat
- 400 ml. Sahne
- 1 Ei
- 6 El. brauner Zucker zum Karamellisieren
- 1 Kartoffel (mehlig)
- 1 Schalotte
- 100 ml. Brühe
- 2 El Essig
- 200 g Ziegenfrischkäse
- 200 ml Öl (Erdnuss- oder Walnussöl)
- Honig, Salz, Pfeffer, Zucker
- 6 Eigelbe

Das Dressing

Die Kartoffel und Schalotte schälen, in Scheiben schneiden und in Öl anschwitzen. Mit Salz, Pfeffer, Muskat würzen und mit Weißwein ablöschen. Den Weißwein einkochen lassen, mit der Brühe aufgießen, köcheln lassen.

Weichgekochte Zutaten mit dem Zauberstab pürieren. Den Brei etwas auskühlen lassen und ein gekochtes und ein rohes Ei, Senf, Essig und Öl hinzugeben und alles zu einem cremigen Dressing pürieren.

Den Speck in einer Pfanne knusprig braten und auf einem Küchenkrepp abtropfen lassen.

Die Creme Brulée

Käse, Sahne und die Eigelbe verrühren. Mit Honig, Salz, Pfeffer und einer Prise Zucker abschmecken (wer möchte, kann einen Schuss Trüffelöl hinzugeben).

Die abgeschmeckte Masse in Förmchen geben und bei 80°C Heißluft in den Ofen schieben. Die Creme Brulée ist fertig, wenn Sie fest ist. Das dauert zwischen 20 und 60 Minuten je nach größe der Portion.

Die gestockte Creme etwas auskühlen lassen, mit braunem Zucker bestreuen und mit dem Bunsenbrenner abbrennen. Den Zucker eine Minute ziehen lassen, dann karamellisiert er schöner.

Das Anrichten

Den gewaschenen Feldsalat mit dem Dressing marinieren und in Tellern anrichten. Den krossen Speck darüber streuen. Die Creme Brulée dazu reichen.

Pochiertes Schweinefilet im Wurzelsud

ZUTATEN

1 kg Schweinefilet
½ kg Karotten
½ kg Sellerie halb Stange halb Knolle
1 Zwiebel weiß
Speisestärke
1 l Apfelwein
3 El Meerrettich aus dem Glas
Salz, Pfeffer, Zucker, Muskat
200 g Sahne

Das Fleisch im Sud

Das Schweinefilet von den Sehnen befreien und in etwa 160 g schwere Medallions schneiden.

Das Gemüse schälen und in gleich große Stücke schneiden (nicht zu groß, dann geht's schneller). Die Zwiebeln würfeln und in einem Topf mit etwas Öl anschwitzen. Das Gemüse hinzugeben und ebenfalls anschwitzen. Mit Salz, Pfeffer und Muskat würzen. Das Gemüse mit Apfelwein aufgießen und mit geschlossenem Deckel langsam garen.

Wenn das Gemüse weich ist, Schweinefilet hinzugeben und ca. 10 Minuten im Sud pochieren (darf nicht mehr kochen!).

Das Anrichten

Das Schweinefilet in einem tiefen Teller anrichten und das Wurzelgemüse darüber geben. Den Fond mit der Sahne verfeinern und mit Meerrettich abschmecken. Die Soße mit etwas Stärke abbinden und mit dem Stabmixer schaumig schlagen, anschließend über das Gericht geben und servieren.

Schnittlauch und frisch geriebener Meerrettich geben den letzten Pfiff.

Rotbarbenfilets auf Grüne-Soße-Risotto und Apfelwein-Zabaione

ZUTATEN

8 Stück Rotbarbenfilets
1 Packung Grüne Soße
2 Schalotten
250 g Risotto
100 ml Weißwein
1 l Geflügelfond
100 g Parmesan
250 g Schmand
2 Eier
4 Eigelbe
30 g Zucker
300 ml Apfelwein
Salz, Pfeffer, Zitrone, etwas Butter und Olivenöl

Die Rotbarbenfilets

Die Filets waschen, trockentupfen und von den Gräten befreien. Die Filets mit der Haut nach oben in eine gebutterte, noch kalte Pfanne setzen und auf die Haut zusätzlich eine Flocke Butter geben. Bei 80°C für 10 Minuten im Ofen garen. Der Fisch sollte schön glasig sein. **Vorsicht:** Rotbarbe kann sehr schnell trocken werden.

Das Risotto

Die Schalotten schälen, in kleine Würfel schneiden und in etwas Olivenöl anschwitzen. Reis dazugeben und kurz mit anschwitzen. Mit dem Weißwein ablöschen und nach und nach bei ständigem Rühren den heißen Geflügelfond hinzugeben (ca. 25 bis 30 Minuten lang).

Die Kräuter der Grünen Soße mit dem Schmand pürieren. Die Paste und den Parmesan kurz vor dem Servieren einrühren und mit Salz, Pfeffer und Zitrone abschmecken. Sofort servieren.

Die Zabaione

Eier und Eigelb mit dem Zucker und dem Apfelwein in eine Schüssel geben und über dem Wasserbad schaumig schlagen.

Die Masse darf nicht zu heiß werden, da es sonst Rührei gibt.

Das Anrichten

Das Risotto mittig auf dem Teller anrichten, die Filets darauf setzen und die Zabaione ringsum garnieren.

Ananas-Reinette.

Luiken Apfel.

anthes bann mühle b
lender dietrich frein
ul & matthes gessne
hartmann henrich he
thimmel heber hoppe
nmayer & schlichter
mann petermann pfe
rreiter roth schmitt
uhl walther walther v
erzilch zum gerippte

weitere hessische keltereien

Kelterei Anthes
Hauptstraße 38
65843 Sulzbach/Ts.
Telefon: 06196 73294

Der Qualität des Apfelweins ist man sich hier sehr sicher, deswegen gibt es auch nur einen Sorte davon. Der Betrieb ist bewusst klein geblieben, es werden ausschließlich Äpfel verwendet, die „um den Schornstein herum" wachsen.

Kelterei Bannmühle
Staudernheimer Straße 1
55571 Odernheim
Telefon: 06755 1053

Einen Standartapfelwein bietet der Biolandbetrieb nicht an, dafür einen trockenen Apfelperlwein. Außerdem gibt es eine feine, umfangreiche Saftpalette von Obst aus eigenem Anbau.

Kelterei Bergmann, Nf. Siegfried Pfaff
Kahlgrundstraße 13
63768 Hösbach
Telefon: 06021 53226

Seit über 40 Jahren kommen von hier Apfelsäfte und Apfelweine aus Spessart-Streuobst. Wer seinen „Spessartgold"-Schoppen mal nicht pur trinken möchte, kann hier getrost zur bereits gespritzten Variante greifen.

Süßmosterei Georg Bolender
Fuldaer Straße 14
36381 Schlüchtern
Telefon: 06661 2107

Von hier kommen der Goldfass-Apfelwein und der Bergwinkel-Apfelwein. In dem kleinen Lohnmostbetrieb wird seit 1920 Streuobst aus der Rhön, dem Vogelsberg und dem Spessart verarbeitet.

Kelterei Oskar Dietrich
Dieselstraße 24
61118 Bad Vilbel
Telefon: 06101-2046

Auch hier ist die Wurzel des Betriebes eine Küferei.
Die Traditionsmarke „Der goldene Sachsenhäuser" ist immer noch weitverbreitet.

Getränke-Freimuth
Georg-August-Zinn-Straße 71
64823 Groß-Umstadt
Telefon: 06078 4885

Vielleicht die jüngste Kelterei Hessens, es gibt sie erst seit 1998. Auch im 10. Jahr des Bestehens werden hier bewusst kleine Brötchen gebacken:
Freimuths Apfelwein und –saft gibt es in den Ausführungen naturtrüb und klar.

Kelterei Georg Fries
Bickenbacher Straße 22
64342 Seeheim-Jugenheim
Telefon: 06257 2001

Bergsträßer Fruchtweine und –säfte in Hülle und Fülle. Hier gibt es nicht nur Apfelwein, hier wird alles vergoren, was im heimischen Garten an Busch und Baum wächst und gedeiht.

Süßmosterei Gaul & Matthes
Haeselweg 1
63633 Birstein-Untersotzbach
Telefon: 06054 1251

In guten Jahren werden hier 70 Tonnen Äpfel zu Wein und Saft verarbeitet. Zu der Obstmenge tragen auch die über 5000 Lohnmostkunden bei. Das Ergebnis, egal ob vergoren oder als Saft, trägt den Namen „Sotzbacher".

Kelterei Gessner
Groß-Laudenbacher Straße 31
63823 Kleinkahl
Telefon: 06024 9087

Hier gibt es nicht nur Gessners schmackhaften Kahlgrundapfelwein, sondern auch Apfelsaft und tolle Schnäpse aus regionalem Obst. Natürlich vom Apfel, auch Zwetschge fehlt nicht, aber das Besondere ist ein Brand von der Mollebuschbirne.

Kelterei Grünewald
Friedhofstraße 12
63776 Mömbris
Telefon: 06029 4090

Aus dieser im Jahr 1962 gegründeten Kelterei kommt das „Mömbriser Goldtröpfchen", der Apfelwein aus dem Hause Grünewald. Den gibt es nicht nur einmal, sondern dreimal: klar, naturtrüb, als Speierling-Apfelwein.

Kelterei Hartmann
Am Hohen Rain 3
36320 Kirtorf
Telefon: 06635 377

Heute füllen Kollegenbetriebe für die Kelterei Hartmann Apfelwein ab, der Vertrieb läuft aber immer noch hier. So konnte der Erhalt der in den 1970er Jahren gewährleistet werden.

Apfelweinkelterei Herbert Henrich
Im Gründchen 3
61389 Schmitten
Telefon: 06084 2451

Alteingesessener Familienbetrieb im Taunus. Hier gibt es eine Sorte Apfelwein, das muss reichen. „Ei, mer mache halt Äppelwoi, was soll ich saache. Wenn Se wolle, könne Se den aach kaafe", sagt Herbert Henrich. Mer wolle.

Süßmosterei Ludwig Herbert
Sandstraße 33
64319 Pfungstadt
Telefon: 06157 3556

In diesem Lohnmostbetrieb gibt es zwar nur einen Apfelwein, aber dafür werden hier aus Apfel, Birne, Johannisbeere, Mirabelle, Brombeere, Himbeere Säfte, Brände und Liköre gemacht.

Süßmosterei Andreas Herbst
Ringstraße 7
36145 Hofbieber
Telefon: 06684 288

Der Apfelwein des Hauses heißt naheliegender Weise „Herbst-Apfelwein", schmeckt aber auch in den anderen Jahreszeiten. Der Apfelsaft der Kelterei trägt den Namen „Rhöngold".
Auch gut: Der Apfel-Blutorange-Saft und der Apfel-Kirsch-Saft des Hauses.

Kelterei Himmelheber
Darmstädter Straße 53
64395 Brensbach
Telefon: 06161 439

Keltereibetrieb seit 1900. Man ist traditionsbewusst und macht eine Sorte Apfelwein und eine Sorte Apfelsaft. Das Hauptgeschäft sind heute Apfelmischgetränke und die große Saftpalette.

Kelterei Hoppe
Bahnhofstraße 2
65611 Brechen
Telefon: 06438 83660

Seit 1953 werden hier Fruchtweine erzeugt. Es werden ausschließlich Äpfel aus den Streuobstbeständen der Region gekeltert. In der Hauptsache werden Most und Apfelwein hergestellt. Die Kelterei Hoppe ist für den ökologischen Landbau zertifiziert und verarbeitet Bioprodukte von Demeter- und Bioland-Betrieben.

Kelterei Reinhard Krämer
Michelbacher Straße 5
64385 Reichelsheim
Telefon: 06164 1390

1928 gegründete Odenwälder Kelterei. Neben klarem und trübem Apfelsaft und Apfelwein werden weitere Fruchtsäfte und Diätgetränke hergestellt.

Kelterei Kuhn
Toni-Schecher-Straße 10
63820 Elsenfeld-Rück
Telefon: 06022 623777

1962 gegründet, seit den 70er Jahren eigene Obstanlage mit 3000 biologisch gepflegten Apfelbäumen. Angeboten werden ein klarer halbtrockener und ein klarer trockener Speierling Apfelwein in der Flasche, sowie ein naturtrüber halbtrockener Apfelwein vom Fass.

Mayer & Schlichterle Natursaftkelterei
Hans-Roß-Straße 15
35099 Burgwald
Telefon: 06457 358

1961 legten Peter Schlichterle und Johann Mayer den Grundstein für die Natursaftkelterei Mayer & Schlichterle. Der Familienbetrieb führt heute neben Fruchtsäften der eigenen Marke Naturvia den Burgfelder Apfelwein.

Fruchtkelterei Antje & Rolf Merg
Lindenstraße 4
55595 Gebroth
Telefon: 06756 911686

Ein große Auswahl an selbst hergestellten Fruchtsäften und Fruchtweinen (Holunderwein, Kirschwein, Erdbeerwein und Johannesbeerwein) werden im eigenen Hofladen angeboten. Zum Sortiment gehören auch ein fruchtig-saurer Apfelwein, ein Apfelsecco und ein Apfelkirschsecco.

Apfelweinkelterei Neumann
Im Geisbaum 9
63329 Egelsbach
Telefon: 06103 43030

Als vor ca. 20 Jahren Eberhard Neumann von der Arbeit nach Hause kam, stand eine Presse im Hof, die sein Vater gekauft hatte. Aus der Passion ist mehr geworden. Neben naturtrübem und klarem Apfelsaft kann man hier auch einen Apfelwein aus regionalem Obst kaufen.

Kelterei Petermann
Bachstraße 9
63762 Groß-Ostheim
Telefon: 06026 1457

Die ehemalige Küferei stellt seit 1956 Apfelwein her und wird heute von Winfried Bickert geführt. Im Sortiment gibt es den klassischen Apfelwein aus Streuobst und das Bachgauer Gold, einen Speierling-Apfelwein.

Obstbau und Kelterei Pfeiffer
Hauptstraße 3
64385 Reichelsheim
Telefon: 06164 1452

Seit 1956 betreiben die Pfeiffers neben ihrem landwirtschaftlichen Betrieb eine Kelterei. Hier gibt es Apfelsaft, Apfelschaumwein und Apfelhefebrand, sowie naturtrüben und klaren Apfelwein. Verkauf an Selbstabholer und an die regionale Gastronomie.

Kelterei Helmut Prehler
Haselstraße 37
63619 Bad Orb
Telefon: 06052 3652

Kelterei in der 3. Generation. Hier werden Fruchtsäfte und eigenes Bier sowie ein Stöffche mit dem Namen „Prehler Apfelwein" aus regionalem Streuobst hergestellt.

Kelterei Reiter
Forsthausstraße 10
35647 Waldsolms
Telefon: 06085 3469

Die im Naturpark Hochtaunus liegende Kelterei ist ein in den 50er Jahren gegründeter Familienbetrieb. Produziert werden Apfelsaft und naturbelassener Apfelwein.

Apfelweinkelterei Roth
Hauptstraße 200
63768 Hösbach
Telefon: 06021 560005

Herstellung von Fruchtsäften, klarem und naturtrübem Apfelwein aus heimischem Streuobst.

Kelterei Schmitt
Obertorstraße 35
65520 Bad Camberg
Telefon: 06434 7058

Das Familienunternehmen besteht seit 1855. Zuerst als Küferei, inzwischen als hochmoderner Keltereibetrieb. Für den Camberger Apfelwein und Apfelsaft werden unbehandelte Äpfel der heimischen Streuobstwiesen verwendet.

Spies Fruchtsäfte
Darmstädter Straße 2
64560 Riedstadt-Crumstadt
Telefon: 06158 83801

„Köstliches aus Früchten" ist das Motto der Kelterei, die seit rund einem halben Jahrhundert besteht. Zusätzlich zur umfangreichen Saftpalette gibt´s naturtrüben sowie klaren Apfelwein.

Weingroßhandlung & Kelterei Wilhelm Strutt
Hanauer Landstraße 29
63517, Rodenbach
Telefon: 06184 50544

In der Kelterei Strutt wird seit 1956 gekeltert.
Produziert werden der klare „Alt-Rodenbacher" Apfelwein und eine im Whiskyfass gelagerter naturtrübe Variante.

Kelterei Uhl
Oberndorfer Straße 20
35410 Hungen-Rodheim
Telefon: 06402 504030

Vogelsberger Traditionsbetrieb in der vierten Generation. Ungewöhnliches wie das Bier-Apfelschorle-Mischgetränk „Äppelbreu" und bei der Jugend beliebtes wie Apfelwein-Cola ergänzen das konventionelle Apfelweinsortiment.

Kelterei Walther
Fliederstraße 2
63486 Bruchköbel
Telefon: 06181 77809

Der Familienbetrieb, der mittlerweile in der dritten Generation geführt wird, besteht seit 1934. Im Walthers Wein- und Saftladen werden naturtrüber Apfelwein und Speyerling-Apfelwein angeboten. Zudem gibt es die übliche Bandbreite Säfte und Limonaden.

Kelterei Hch. Walther
Untergasse 10
63667 Nidda
Telefon: 06043 2771

Die Kelterei besteht seit 1850 und stellt klaren und naturtrüben Apfelwein her. Selbstabholer können sich mitgebrachte Kanister füllen lassen.

weitere hessische keltereien | 211

Kelterei Thomas Wenzel
Ortenberger Straße 11
63674 Altenstadt
Telefon: 06047 2461

Alter Familienbetrieb, verwendet werden nach Möglichkeit nur einheimische Streuobstsorten, die aus einem Umkreis von etwa 20 Kilometern um Altenstadt kommen. Hergestellt werden zwei Apfelweinsorten (klar und naturtrüb) mit dem Namen „Altenstädter Gold".

Kelterei Wörner
Gronauer Straße 7
61138 Niederdorfelden
Telefon: 06101 32621

Ursprünglich 1930 als Küferei von Philipp Wörner gegründet, lief die Apfelweinproduktion im Kleinen nebenher. Seit den 50er Jahren wurde die Produktion stetig erhöht.
Der „Dorfeller Schoppewoi" ist der Stolz des Hauses.

Kelterei Josef Zilch
Germaniastraße 2
63073 Offenbach
Telefon: 069 891831

Mit der Lohnmostkelterei wurde in den 60er Jahren begonnen. Senior Josef Zilch ist im Betrieb noch aktiv dabei.
Der Bieberer Apfelwein wird aus Streuobst der Region hergestellt und im eigenen Getränkevertrieb, sowie der örtlichen Gastronomie angeboten.

Apfelweinlokal „Zum Gerippte"
Borngasse 30
61169 Friedberg-Ockstadt
Telefon: 06031 3009

Aus der Küche kommt Schmackhaftes aus der Region, aus dem Bembel natürlich ausschließlich selbstgekelterter Apfelwein. Die hauseigenen Schnäpse helfen nach deftigen Speisen.

Apfelweinwirtschaft „Zum Knoche"
Rathausstraße 4
61118 Bad Vilbel Massenheim
Telefon: 06101 42563

Traditionelles Gepräge, kräftiger Schoppen, rustikale Speisen. Ursprüngliche Apfelweingemütlichkeit vor den Toren Frankfurts.

Autor & Fotograf

Konstantin Kalveram studierte in Frankfurt Germanistik und arbeitete anschließend für verschiedene Stadtmagazine und den Hessischen Rundfunk. Während seiner Studienzeit entstand seine Liebe zum Apfelwein. Fleißig sammelte er Erfahrungen, Daten und Namen, die er mit anderen im „Apfelwein-Quartett" auf den Markt brachte. Da die Spielkarten nun zu klein wurden ist ein großes Buch daraus geworden.

Michael Rühl studierte Psychologie und arbeitet in der Markt- und Kommunikationsforschung. Er ist Fotograf aus Passion und dokumentierte die vielen Expeditionen des Autors mit der Kamera. Er ist zudem für die statistischen Auswertungen verantwortlich.

Bildnachweis

Sascha Zmudzinski: 82, 83, 84, 85, 86 oben, 87, 135, 136, 137, 138

Konstantin Kalveram: 3, 100

B3 Verlag: 184, 186, 187, 188, 189, 190, 191, 192, 193, 195, 197, 198, 200, 201

Die Apfeldrucke stammen aus den Beständen der Bücherei des Deutschen Gartenbaus e.V., c/o Technische Universität Berlin, Universitätsbibliothek. Herzlichen Dank an Dr. Clemens Wimmer.
Die Apfeldrucke entstammen dem Buch „Schweizerische Obstsorten", Gustav Pfau-Schellenberg, Wädenswil, 1863.

Die Fotografien auf Seite 114, Seite 115 (Hintergrundmotiv), Seite 116, links oben und unten sowie auf Seite 118, rechts oben und unten, wurden uns dankenswerter Weise von der Kelterei Rothenbücher zur Verfügung gestellt.

Die Fotografie auf Seite 178 wurde uns freundlicherweise vom Mainäppelhaus Lohrberg zur Verfügung gestellt.

Soweit nicht anders vermerkt, liegt das Copyright der Fotografien bei Michael Rühl.

Logos bei Keltereien wie benannt.

Baumann's Reinette.
(Reinette Baumann)